世界の食べもの

食の文化地理

石毛直道

講談社学術文庫

目次

世界の食べもの

序　章　舌のフィールドワーク……9

I　諸民族の食事

第1章　朝鮮半島の食……30
第2章　世界における中国の食文化……58
第3章　東南アジアの食事文化……69
フィリピンの食生活　79
シンガポールのニョニャ料理　89
マレーシアの食生活　96
インドネシアの食生活　102
モルッカ諸島の食事　111
第4章　オセアニア――太平洋にひろがる食文化……117
第5章　マグレブの料理……126

II 日本の食事

第6章 米——聖なる食べ物 …… 142
第7章 日本の食事文化——その伝統と変容 …… 166
第8章 現代の食生活 …… 185
第9章 日本人とエスニック料理 …… 194

III 食べ物からみた世界

第10章 世界の米料理 …… 206
第11章 すしの履歴書 …… 216
第12章 麺の歴史 …… 228
第13章 料理における野菜の位置 …… 236
第14章 世界の酒——伝統的な酒の類型 …… 242

第15章　茶とコーヒーの文明……252
第16章　うま味の文化……260
あとがき……284
文庫版あとがき……287
初出一覧……290

世界の食べもの

食の文化地理

序章　舌のフィールドワーク

ささやかな冒険心

最近はおおくの人びとが海外に出かけるが、旅行者にとってはその国の民衆の日常的な食生活の実態について知ることはむずかしい。そのためには長期間滞在しなくてはならないし、現地の言語が話せないことには、民衆のあいだにはいりこんで生活をともにすることができない。短期間の旅行者にとって、現地の民衆の家庭で家族と食卓をともにすることは、その土地に知人がいないかぎりは無理である。

そのような調査まがいのことは専門家にまかせるとしても、海外に出かけたときは、その土地の食事をぜひとも楽しみたいものである。食べることは、旅の楽しみのひとつであるばかりではない。食べることを通じて、その土地の風土や文化を理解することが可能なのである。

料理の材料となる食べ物はその土地の気候や土地条件を反映しているし、作物それ自体が文化の産物でもある。料理法や食事作法には、その土地の独自性がみられるばかりではなく、個別的な文化をこえてひろがる文明――たとえば箸を使用して食事をする場所は東アジアの文明のひろがりのなかにふくまれるし、イスラーム文明圏に共通する食事作法もある――の影響も読みとることができるのである。食べることは身体に栄養をとりこむだけではなく、知的好奇心を満足させる手段たりうるのだ。食べ物を食べることは、情報を食べることでもある。

だが、そのためには、ささやかな冒険心を必要とする。見知らぬ食べ物を口にすることには抵抗感がともなうし、ときには衛生的に問題がありそうな食べ物を目の前にして好奇心と清潔感とのはざまでなやむこともある。

世界中、食べることにたいしてはおおむね保守的である。見知らぬ食べ物を口にするのは気持ちがわるいという人がおおい。そこで欧米人の生活体系に合うようにつくられたホテルでは、世界中どこでもおなじような食事を供するようになった。ナイフ、フォーク、スプーンをつかって、パンがそえられた料理を食べるのである。ホテルで食事をするかぎり安心できるだろうが、土地の料理をこころみることはむずかしい。

現地の味をこころみるには、ホテルを出て、土地の人びとがたむろする大衆食堂へはいってみることだ。それは案外勇気のいることである。ガイド役をつとめてくれる先達《せんだつ》がいればそれにこしたことはないが、ひとりではいったらことばは通じないし、だいいちなにを食べたらよいのかさっぱりわからない。あてずっぽうにメニューを指さして注文してみたところ、スープばかり出てきた、ということになりかねない。このような場合、もっとも賢明なのは、まわりで食べている人の料理をながめて、いちばんうまそうなものを指さすことであろうが、いずれにしろトンチンカンな失敗談がつきまとうことになる。しかしそれはあとになってふりかえれば、旅のよい思い出になるはずである。

現代の世界では観光ということが外貨獲得に一役買うばかりでなく、自国の文化を外国人に理解してもらうのに重要な手段であることが認識されてきた。そこで各国とも、外国人に名物料理を食べさせるレストランをもうけたりしている。舌で文化を知ることが容易になりつつあるのだ。

そこで、舌で世界の文化を知るための手助けになりそうなことを、以下でいくつかのべてみよう。

主食的な食物の分布

まず「主食」ということばについての但し書きをつけておこう。主食という観念は世界の民族に共通するものではない。たとえば、ヨーロッパの言語には主食にあたることばはなさそうだ。パンは、食卓にならべられる食べ物のひとつにすぎず、食事の主役ではない。肉や野菜の料理は、パンを食べるためのおかずではない。パンは、スープ、肉料理、野菜料理などの皿とともに、食事を構成する食品のひとつとして位置するものである。

それにたいして東アジア、東南アジアにおいては、食事というものは主食と副食の二種類のカテゴリーの食品から構成されるものである、という観念が発達している。たとえば現代日本語では、飯《めし》（あるいはご飯）に対置されるのがおかずであり、正常な食事というものは飯とおかずの両者から構成されている、という観念がある。そして、食事そのものが飯ともよばれる。

飯を飯《ファン》、おかずを菜《ツァイ》ということばにおきかえれば、中国語でもおなじ関係が成立する。東南アジアの諸言語でも、食事が主食と副食のふたつのカテゴリーの食品から構成されるという観念がみられるのが普通で、この場合しばしば米飯が主食をしめすことばとしてもちいられる。そのほかに太平洋諸島の民族や東アフリカのいくつかの民族のあいだで、食べ物を主食と副食に分類することがみられる。

これらの民族で、料理を主食と副食のふたつのカテゴリーに分類するさいに、普通主食にあたるものは、腹をふくらませることを第一の目的とした穀物やイモ類などの炭水化物に富んだ食品で、原則として味つけをしないで料理することが共通点としてみられる。それにたいして、副食は肉、魚、野菜などを味つけした料理で、主食を食べるさいの食欲増進剤としての役割をになっている。
　このような前置きをしたうえで、世界の主食的な食品の分布について簡単にのべてみよう。

【麦類】　現在ではコムギの白パンが欧米での主食的食品の代表となっているが、近代以前にさかのぼると、ヨーロッパ北部ではオオムギ、ライムギ、オートムギの占める比重がおおきかった。そのなごりで、ドイツから北のヨーロッパやロシアでは、ライムギいりの黒パンが現在でも食べられている。またオートムギをひき割りにして粥《かゆ》状にした食べ方が、朝食に出てくるオートミールである。
　ヨーロッパのパンは発酵、焼成のさいに膨張させてふっくらと塊状につくった軽いものであるのにたいして、北アフリカから西アジアにかけてのイスラーム文明の地帯では、練り粉を厚い円盤状に成形し、ずっしりと重たいものに焼きあげるのが普通である。西アジアから北インドにかけては、タンドールとよばれるパン焼きがまの側壁に貼りつけて焼いた、薄くておおきな袋状または板状にのばしたナンというパンが分布する。

インドの稲作をしない地域では、コムギや雑穀類の粉を練ったものを、発酵させずに、加熱した鉄板や石板の上で煎餅《せんべい》状に焼いたチャパーティーが主食となる。

チベット高原では気候的にコムギの耕作がむずかしく、オオムギが主作物となる。オオムギを粒のまま炒《い》ったのち粉にしたツァンパ（日本の麦焦がし、香煎《こうせん》、はったい粉にあたる）を、日常の飲み物であるバターいりの茶で練って食べることがおこなわれる。

華北のコムギ耕作地帯では、小麦粉を練って発酵させたものを蒸して饅頭《マントウ》に加工することと、麺類にして食べることがおこなわれる。

東アジアのほかに麺類が発達したのは、スパゲッティ、マカロニなどのパスタ類を好むイタリアである。

【米】　歴史的にイネを主作物としている地域は、日本、朝鮮半島の南部、中国では華中、華南、東南アジアのほぼ全域、インド亜大陸ではベンガル平野と南インド、スリランカ、それにマダガスカル島の東部である。インド以西の地域では、ピラフのように油脂や塩、香辛料で味つけをした料理法が普通となっている。練ったり、発酵させたり、オーヴンで焼いたりする加工を要するパンにくらべて、米は料理法が簡単であり、味がよいので、現代でも米を食べる地域はひろがりつつある。西アジアや北アフリカでもごちそうのさいに米料理が供されるし、稲作があまりおこなわれていないサハラ砂漠以南のアフリカ諸国でも、現在米を食べることが好まれ、イネの栽培面積を増加させることがおこなわれている。一般に穀物は粉食にすることがおおいのにたいして、米は粒食をするのが特徴である。

【雑穀類】　世界の主要な地帯での主食用作物はコムギとイネの二大作物に収斂《しゅうれん》する傾向をたどってきたが、過去にさかのぼると、その他の作物に依存する比重がおおきかったし、現在でもコムギ、イネ以外の作物を常食とする地域もおおい。

文字どおり雑穀にはさまざまな種類があり、地域によって栽培される作物の種類がちがう。おおまかにいえば、アフリカとインドの雑穀地帯はトウジンビエとモロコシに代表される。サハラ砂漠以南のアフリカでは、雑穀類を粉にしたものを湯で練って、そばがき状に料理したものを食べる。いわゆるスーダン地方では、これを団子状に丸めたり、団子を油脂で揚げて食べることがおこなわれる。インド亜大陸では、雑穀をチャパーティーにするほか、そばがき状に加工したり、粉のまま炊いて食べる。

中国東北部のアワ、キビ、モロコシ（コーリャン）を栽培する雑穀地帯では、粉にしたものを蒸して団子にするほか、朝鮮半島北部の雑穀地域とおなじく、粒のまま炊いて食べる。

エチオピアではきわめて粒のちいさな穀物であるテフが栽培されるが、これは製粉して発酵させ、薄く焼いたパンに加工される。

新大陸原産のトウモロコシの食べ方で有名なのは、粉を練って煎餅状に焼いたものである。これはメキシコ料理のトルティーヤとして知られている。トウモロコシをおおく生産する北アメリカではおもに家畜飼料につかわれるが、東アフリカやインドの雑穀地帯では、在来の雑穀にとってかわって主食作物となり、穀類と同様に料理される。東南アジアでも、イネをおぎなう作物として栽培される地域もおおく、精白してひき割りに加工し、米とおなじように炊いて食べることもおこなわれる。

【根栽作物類】　オーストラリアをのぞくオセアニア全域は、歴史的にはヤムイモ、タロイモ、バナナ、パンノキなど、種まき（種子繁殖）をせず、種イモを切って埋めたり、株分け、挿し木などの栄養繁殖によってふやす作物の農業をおこなう地帯であった。メラネシアではこれらの作物を土器を使用して煮ることもおこなわれたが、金属の鍋が輸入される以前の煮炊き用の道具である土器の製作が発達しなかったポリネシア、ミクロネシアでは、これらの作物を焼いたり、焼け石のうえにのせてそれをバナナの葉や土でおおう石蒸し料理にして食べるのが普通であった。雑穀やイネを栽培する以前には、東南アジアでも根栽農業がおこなわれていたと考えられる。

紀元前の時代にインドネシアからインド洋をこえて根栽作物がアフリカに伝播し、現在でも西アフリカのギニア湾にそった地帯は、ヤム・ベルトとよばれるヤムイモを主作物とする地域となっている。ここではヤムイモの皮をはぎ、ゆでたのち、臼で搗《つ》いてペースト状にしたものを主食とする。

【ヤシ類】　西アジアから北アフリカに連なる砂漠地帯のオアシスでは、ナツメヤシが栽培される。ナツメヤシの果実を乾燥させたものは、干し柿に似た味と形をした高カロリー食品である。これを生食するのが砂漠に住む遊牧民の伝統的な主食であった。

東南アジアからニューギニア、メラネシアの湿地帯にはサゴヤシが分布する。このヤシは十年から十五年すると花が咲いて枯れてしまうが、開花寸前のサゴヤシの幹のなかには、多量のでんぷんが貯蔵されている。サゴヤシの木を倒して、幹の繊維を搗《つ》き砕いたものを水洗いし、でんぷんの水溶液を容器にためてでんぷんを沈殿させる。このサゴヤシでんぷんを土器にいれてケーキ状に焼いたり、水に溶かして加熱し葛湯《くずゆ》状にしたものが、サゴヤシ地帯での主食となる。

牧畜社会の肉と乳製品

歴史的には、アジア大陸の農耕地帯の北側にひろがる中央アジアの乾燥地帯は、ウシ、ウマ、ヒツジ、ヤギ、フタコブラクダを主要家畜とする遊牧民によって占められていた。その北の寒冷なシベリアにはトナカイ遊牧民が分布していた。チベット高原を中心とする地域では、農業のほかに、ヤクを牧畜獣とする牧畜がおこなわれる。

西アジアの乾燥地帯からアラビア半島の砂漠およびサハラ砂漠にかけては、ヒトコブラクダ、ヒツジ、ヤギを牧畜対象とする遊牧民が分布する。エチオピア、ソマリアから東アフリカ、南アフリカにかけては、ウシをおもな牧畜獣とする牧畜民が点々と分布している。これらの牧畜を生業とする民族のほかに、インドやヨーロッパのように、農業を主力とする社会のなかに牧畜という生産原理がくりこまれている民族もおおい。

牧畜とは、食料獲得を中心とする生産の基盤を、有蹄類《ゆうているい》で群居性のある家畜を群れとして管理することにもとめる生活様式である。したがって、日本のように役畜として一、二頭の牛馬を飼養していただけでは牧畜とはよべない。本来の牧畜民は、牧畜によって生産される食料に食生活のおおくの部分を依存してきたのだ。

おおくの牧畜民にとって、重要な食料は肉ではなく乳製品である。殺して肉を食べていたら、家畜の群れはちいさくなるばかりである。それにたいして、家畜をふやして群れをおおきくすればするほど、得られる乳の量はおおくなる。乳という完全食品を多量に食べることができれば、農産物はなくとも人間は生きられるのだ。

乳はそのままだと腐敗してしまう。しかし、チーズ、バター、ヨーグルトなどの乳製品に加工すれば、それは保存食品となる。牧畜民は、乳を飲むよりは、むしろ食べているのである。モンゴルから中央アジアにかけて分布する遊牧民のあいだには、数十種類ものことなる乳製品に加工する技術が知られている。

シベリアのトナカイ遊牧民は、トナカイを肉用家畜およびそり引きなどのための役畜として利用するが、トナカイの乳しぼりをする民族はすくない。また、野生トナカイを狩猟の対象とはするが、家畜とはしていない民族もある。そのことは、トナカイはながいあいだ狩猟対象の動物であり、牧畜用の家畜として飼養することになった歴史が浅いことをしめしているとも考えられる。

アンデスでは、リャマ、アルパカを家畜化することがおこなわれたが、役畜、採毛用家畜、肉用家畜としてであり、牧畜という生活様式は新大陸では発生しなかった。日本をふくむ東アジアと東南アジア、オセアニアも、牧畜の伝統をもたなかった地域である。

つい一世紀前まで、これらの地域では、家畜の乳しぼりをして乳や乳製品を利用することは、普通にはおこなわれない食生活を営んできたのである。

一般に、牧畜をおこなう社会では、食生活に魚が占める比重はすくない。魚は肉の代用品の位置に甘んじている傾向がつよいし、牧畜一本槍の生活をする遊牧民のあいだでは、魚を食用とする習慣がない民族もおおい。それにたいして、牧畜のおこなわれない農業社会、とくに日本、東南アジア、オセアニアでは、魚は重要な動物性たんぱく質食料となっている。

地域による味つけと調味料

もっとも普遍的な調味料は塩であるが、いわゆる未開社会のなかでは、特別に塩を使用しない民族も世界各地に存在していた。狩猟民のように動物の肉や内臓をおおく摂取していれば、食塩を特別に摂取しなくても生理的に身体を維持することも可能である。また、ニューギニアのいくつかの民族のように、製塩はしないが料理のさいに海水を使用する習慣をもつ人びともいる。

酢は酒の加工品としてつくられる。そこで酒を欠く文化や、飲酒を禁じるイスラーム教やヒンドゥー教の文化圏では、酢を醸造せず、柑橘《かんきつ》類やタマリンドの実の酸味を料理に利用することがおこなわれる。

ダイズその他の豆類や穀物に塩をくわえ、麴《こうじ》の作用で発酵させた味噌、醬油に代表される調味料が普及したのは、日本、朝鮮半島、中国である。日本では味つけの主流を味噌と醬油にほとんど依存しているが、朝鮮半島ではコチュジャンといわれるトウガラシをいれて発酵させた味噌が、重要な調味料としてくわわる。中国では発酵性調味料の種類はきわめておおく、醬《ジャン》とよばれる一群の調味専門の食品のジャンルがある。

東南アジアでは、塩辛系の調味料――魚醬――がよく使用される。小魚、アミの類でつくった塩辛の上澄み液を集めたものが、ヴェトナムのニョク・マム、タイのナム・プラー、フィリピンのパティスなどの名で知られている魚醤油であり、日本のしよっつるも同様の調味料である。魚醤油の系統の液体調味料はインドシナ半島部とフィリピンでよくつかわれる。マレー半島でブラチャン、ジャワでトラシといわれるものは、プランクトン性の小エビの塩辛を乾燥させた塊状の魚醤である。

東アジアの麹を使用した醤類と東南アジアの魚醤は、塩味だけではなく、アミノ酸のうま味成分をふくんだ調味料であり、たいていの料理につかうことができて、いっぺんに塩味、香り、色、うま味をおぎなえる万能調味料である。このような万能調味料に味つけを依存する料理法は、世界のほかの地域では発達しなかった。

インドでは、複数の香辛料をミックスして使用するカレー系の料理が特徴的な味となっている。スパイス類をミックスした料理はインドを中心に東西にひろがっており、東南アジア、西アジア、北アフリカにもカレー風の料理が分布する。

現在イスラーム圏となっている西アジアから北アフリカにかけての地帯と、キリスト教圏であるヨーロッパは、ともに料理におけるスパイスの効果を重視する文化である。熱帯アジア原産のスパイス類は、アラブ商人の手を経てヨーロッパに運ばれたので、中世までは貴重品であった。肉の保存にスパイスは欠くことができないので、イスラーム圏を通過せずに熱帯アジアにたどり着いて、スパイスをヨーロッパに直接運ぼうという目的から大航海時代がはじまったのである。スパイスが世界史を変えたのだ。

その結果新大陸が発見され、トウガラシとトマトが旧世界に導入され、トウガラシは世界中にもっともひろく分布するスパイスとして普及した。トウガラシなしの朝鮮半島の料理の味、トマトソースなしのイタリアの味は考えられぬ、といった例からもわかるように、このふたつの作物は世界の味を変えたのである。

油脂は、炒めたり揚げたりする料理の加熱手段の媒体としてつかわれるだけではなく、それ自体が、味、香り、質感をそなえた調味料でもある。バターの類の乳製品、動物の脂身、植物油が食用油脂のおもなものである。脂身にたいする嗜好は、料理法が発達しない狩猟採集民のあいだでも認められる。

明治時代になるまで表向きは四足獣の食用を禁じられていた日本では、肉食にまだ慣れないせいか、脂身をしつこいといって敬遠する傾向があるが、世界の民族のおおくは脂肪のおおい肉のほうをうまいと感じているようである。

乳製品の油脂は牧畜、作物を利用する植物油は農業という生活様式が成立してはじめて開発されたものである。地中海圏のオリーヴ油、東南アジア、オセアニアにおけるココナツミルクのように、油脂の風味がそれぞれの地方の料理の味に独自性を付加していることを忘れてはならない。

世界の過半数は手づかみ

ホテルやレストランで食べるかぎりは、世界中、ナイフ、フォーク、スプーンのセットで、あるいは箸をもちいて食事をすることができる。しかし、家庭での食べ方でいえば、世界の人口の半分以上の人びとが、手づかみで食事をしているのである。

箸は古代中国に起源し、その周辺の文化に伝播した。現在、日常の食事に箸を使用するのは、中国、朝鮮半島、日本、ヴェトナムである。

ヨーロッパはながいあいだ手づかみで食事をしていたが、十七世紀以後になって、ナイフ、フォーク、スプーンの三種の道具を使用して食べ物を口に運ぶ習慣が普及するようになった。現在の世界でこの三種の道具を食卓での必需品としているのは、欧米、スラヴ圏を中心としたいわゆる白人たちのあいだにおいてである。非白人社会でも、植民地であった場所では、上流階級においてはこれらの道具で食事をすることもある。

また、現在、東南アジアのタイ、マレーシア、インドネシア、フィリピンでは、外食のさいはスプーンとフォークを供することが一般的となりつつある。右手にスプーンを持ち、左手のフォークで皿の上の飯やおかずをスプーンにのせて口に運ぶのである。東南アジアの料理は指先でつまめるようにあらかじめ食物をちいさく切り刻んであるので、ナイフは必要ない。

手づかみで食べるからといって、不潔であるとか、野蛮であると考えてはならない。手づかみの食事をする地域では、食前・食後に手を洗う習慣をもつ場所がおおい。だれが洗ったかわからないナイフやフォークをつかうのと、自分で洗った手の指と、どちらが清潔であるかは決めがたいことである。

イスラーム教圏、ヒンドゥー教圏では、食べ物に触れることが許されるのは右手にかぎられる。用便の始末につかう左手は不浄の手とされている。

北アフリカのイスラーム教徒の例でいえば、上流の家庭ならば、食前に手洗い用の真鍮製の水さしと受け皿、庶民の家庭ならばヤカンとホウロウびきの洗面器が、せっけん、タオルとともに会食者にまわされる。客の手に主人が水をかけてやるか、あるいは客どうし、隣の者の手に水をかけるのが作法である。手を洗い、口をすすぎ、短いアラーへの祈りのことばがとなえられたのちに食事がはじめられる。

男女隔離のつよい文化であるので、男の客があるさいには、食事の場に家族のなかの女は参加しない。主人は下座に座って、客が食べおわるのを見とどけてから、残り物に手をつける。

五本指で食べ物を手づかみにするのはいやしい食べ方とされ、親指、人さし指、中指の三本の指の先端だけをつかって食べるのが上品な食べ方とされる……。といったふうに、手づかみの食事においても厳格な食事にかんする作法がある。

食事のさいのふるまい方や、禁止される食べ物の種類、ぎゃくに年中行事にさいして特別の食べ物を食べるべきであるという決まりなどには、宗教に関係した事柄がすくなくない。

イスラーム教徒がブタ肉の食用を禁じられていることはよく知られているが、ユダヤ教の戒律を厳格に守る人びともまたブタ肉を食べないし、鱗《うろこ》やヒレのない魚であるエビ、カニ、イカ、タコはユダヤ教徒にとっては不浄な食品とされている。

人が死後、他の動物に生まれかわる輪廻転生《りんねてんしょう》の観念をもつヒンドゥー教徒にとっては、動物を殺して食べることは、死んだ親族の生まれかわった肉を食べることになる可能性をもっている。そこでヒンドゥー教徒には菜食主義者がおおい。菜食主義といっても、動物を殺さないで得られる乳や乳製品は食用の対象にされる。その乳を供給してくれる聖なる動物であるウシを殺すことは、乳を赤子にあたえる母親を殺すことになぞらえられる。

キリスト教、イスラーム教、仏教などの世界宗教は、個別的な文化の枠をこえてひろく分布し、宗教によって結ばれた文明を共有するひろい世界をつくりあげた。この世界宗教の年中行事が、ふだんはことなる民族の食生活を共通の連帯をもつものにしている。

全世界のイスラーム教徒が断食月にはいっせいに昼間の飲食をつつしんだり、イスラーム暦でメッカ巡礼の終了した日にあたる犠牲祭には、家畜を殺して肉を贈り合う風習や、現在ではかならずしも守られないことがおおいが、キリスト教徒が金曜日には肉を使用せず魚料理ですますとか、クリスマスや復活祭には特定のごちそうを食べるといった例を考えれば、食事の背景に神が見え隠れすることに気がつく。

食事という日常茶飯事をばかにしたらいけないのである。それは奥行きの深い文化である。食事を通じて文化を体験することができるのだ。

I

諸民族の食事

おいしさに国境はない、といわれる。しかし、国家間の勢力争いのなかで、食べ物以外の価値観が作用して、他民族の食べ物を素直にうけいれないことがあるのも事実である。その例が、かつての日本人が朝鮮半島の食べ物にたいしてしめした態度である。

三十五年間におよぶ日本の朝鮮支配時代に、日本語で出版された朝鮮半島の料理のクッキングブックは、現地の女学校の料理実習のテキストもふくめて、十冊に満たないであろう。おどろくべき無関心ぶりである。

また、当時の日本内地には、朝鮮半島の料理を食べさせるレストランはほとんどなかった。それには、支配下にある民族の料理は食べるに値しない、という差別観が作用していたものと思われる。日本人が出入りする朝鮮半島の料理を食べさせる店の開業は、第二次大戦が終了してからのことである。

戦争がおわると、在日の朝鮮半島出身者たちは、焼き肉や内臓料理を食べさせる庶民的な店をはじめた。それは洋食と中国料理のすきまを埋めるものであった。ステーキには手のとどかなかったころのことである。直火《じかび》で煙をあげる焼き肉は、洋食にも中国料理にもない肉の料理法であった。

殺生をきらう仏教の普及にともない禁止されていた肉食を明治以来再開したといっても、日本料理での肉の料理法として考案されたのは、すき焼きと肉ジャガくらいなもので、肉はもっぱら洋食と中国の料理法で食べてきた。獣肉食の伝統をもたなかった日本人がとりいれたのは、肉の部分だけを利用する料理法にかぎられ、内臓は料理の対象にはされなかったのである。その内臓を利用して、関西ではホルモン料理という、日本流にアレンジした、朝鮮半島風のあたらしい料理が成立した。ニンニクを多用することと、活力源になる肉や内臓が結合して、朝鮮半島の料理はスタミナ料理であるというイメージができあがったのである。

焼き肉、ホルモン料理、冷麵、キムチといったところが、日本人のおおくが朝鮮半島の食べ物について思いうかべることのすべてである。トウガラシとニンニクの痛烈な味の印象も特徴的なものとして意識されている。そのほかには、この隣国の食べ物や食事のしかたについては、知らないことがおおすぎる。

大都市で、本格的な献立の朝鮮半島の料理を食べさせるレストランが出現したのは、つい近年のことである。朝鮮半島の料理の専門店は、中国料理、洋食についでおおいが、たいていの店では焼き肉を中心として、日本人むきのかぎられたメニューしか置いていない。地方では、中国料理と焼き肉が混在している店もおおい。このような事情もあって、中国料理と朝鮮半島の料理のちがいがさだかではない人もおおいようである。

そこで、中国や日本との比較をまじえながら、朝鮮半島の日常的な食べ物と食事のしかたについてのべてみよう。

主食

【主食作物】　朝鮮半島の伝統的な五穀といえば、米、麦、粟《あわ》、豆、黍《きび》であった。このうち米がいちばん地位のたかい主食とされてきた。ふだん食べられるのはジャポニカ種のうるち米である。

おおまかにいえば、黄海と対馬海峡に面した地域に平野部がおおく、水田稲作地帯となっている。中国に接する北部と、日本海に面した東部は山がちで、寒冷な気候であり、畑作地帯となっている。李氏朝鮮王朝時代（一三九二〜一九一〇年）の八道でいえば、咸鏡道、平安道、江原道に畑作地帯がおおく、山岳地帯では、かつては火田という焼畑耕作がおこなわれた。黄海道、京畿道、忠清道、全羅道、慶尚道に水田稲作がさかんである。

米の生産量が増大して、最近の韓国では混ぜものなしの米飯がふだんの食事に食べられている。かつては水田稲作地帯でも民衆の日常の主食にはオオムギを混ぜた麦飯がおおく、行事のさいの食事に白米だけの飯を食べることが普通であった。

中国では大量の湯で米を煮てから、蒸籠《せいろう》や甑《こしき》にいれて蒸しあげる炊飯法をおこなう地域もおおいが、朝鮮半島の飯の炊き方は日本とおなじ炊き干し法で、米にたいして水の量を一定の割合に調節しておき、釜の蓋をとらずに炊きあげる。

畑作地帯では粟、豆、黍に、つなぎとして米を少量いれて炊いた雑穀飯が常食であった。新大陸原産のトウモロコシ、ジャガイモ、サツマイモが導入されると、畑作地帯では重要な主食作物として栽培されることになった。

【餅】　祭りや行事のさいに、重要な食べ物として餅が登場することは日本とおなじである。ただし、日本は蒸したもち米を臼杵で搗《つ》いてつくる搗き餅が普通であるのにたいして、朝鮮半島ではうるち米も餅の原料にされるし、吸水させた米を石臼でひいた湿った米粉を甑に詰めて蒸しあげた「粢餅《しとぎもち》」をつくることもさかんである。粢餅は中国で一般的な餅つくりの方法であり、わが国でも沖縄には搗き餅つくりの伝統がなく、粢餅がつくられる。

　搗き餅つくりは、西南中国の少数民族と、それに接するインドシナ半島山岳部、朝鮮半島、日本に分布するが、これらの地域は中国文明の辺境地帯にあたる。華北平野で本格的なコムギ栽培が導入されてのち、石臼とともに粉食文化がひろがり、餅つくりの方法が搗き餅から粢餅に変化したのではないかと考えられる。この仮説にしたがえば、中国の影響がつよかった沖縄をのぞく日本には、古い文化である搗き餅の伝統が残り、朝鮮半島は粢餅と搗き餅が共存する場所となった、ということになる。

【麺】　朝鮮半島の人びとは、日本人に劣らず麺の好きな民族である。麺床《ミョンサン》といって、昼食には麺を主体とする軽い食事をとる伝統があり、現在でも昼の外食には麺を食べる人がおおい。

　日本でよく知られている朝鮮半島の麺料理は、ソバ粉を主原料とした弾力のある麺を、冷たくした牛肉のスープで食べる平壌冷麺《ピョンヤンネンミョン》一種類だけである。平壌冷麺に使用するのは、ソバ粉を主原料にして押し出してつくる麺である。この麺そのものをネンミョンというが、漢字で表記すると冷麺と書く。ソバ粉の押し出し麺は冷たくして食べることがおおいので、麺そのものの名称と料理法がおなじものになっているのだろうが、混同を避けるために、ここでは麺そのものをしめすときにはカタカナでネンミョンと書くことにする。

さきにのべた畑作地帯にネンミョンは発達したが、それはネンミョンの主原料のソバが畑作物だからである。ネンミョンをつくるには、まずソバ粉とつなぎのでんぷんを合わせてこねあげる。リョクトウ、ジャガイモ、トウモロコシなど、でんぷんの種類は地方によってことなるし、小麦粉をつなぎに使用する地方もある。

伝統的製麺法では、大釜のうえにしかけた木製の製麺機のシリンダー部分に練りあげた麺生地をいれて、熱湯のなかに押し出してネンミョンをつくる。木をくり抜いたシリンダーの底には小孔がたくさん設けられており、テコの原理でピストンを押すと、孔からネンミョンが押し出されて、ゆでられる。

このソバ粉の押し出し麺をつくる道具は、中国の黄土地帯から遼寧省にかけて分布しているので、北方から伝えられた技術であると考えられる。伝播の時期は十八世紀ごろではないかと推定されるので、ネンミョンの普及は案外あたらしい。現在では金属製の電動製麺機でネンミョンをつくる。

小麦粉を主原料として、麺棒でのばしてから包丁で切る、日本のうどんとおなじ製法の麺をカルクッスという。十二世紀に高麗王朝を訪問した中国の使節団の記録に、高麗国ではコムギの産額はすくなく中国の山東半島から買ってくるので、小麦粉は貴重品で高価であるとのべられている。カルクッスの製法が文献に出てくるのは十七世紀になってからのことである。こうしてみると、麺食が好きな民族になった歴史はそれほど古いものではなさそうである。現在では、水田稲作地帯でカルクッスが食べられている。気候の温暖なこの地帯でコムギ栽培が進展したことによるものであろう。

日本の伝統的製麺技術には、ネンミョンのように押し出してつくる製麺法はなかった。いっぽう、朝鮮半島にはそうめんづくりの技術が欠如していた。練りあげた小麦粉を一本の長い紐にして、二本の竿のあいだにかけて引きのばすのが、そうめんづくりの原理である。そうめんは中国南部に発達した製麺法である。それぞれの民族の地理的位置が、中国に起源する麺づくり技術の導入のちがいとなったものだろう。

麺の料理法を大別すると、冷たいスープで食べる冷麺、熱いスープの温麺《オンミョン》、ビビンクッスの三種類がある。スープではなく、トウガラシ味噌（コチュジャン）、粉トウガラシ、醬油など、さまざまな調味料で具をあえたものを麺のうえに置いて、具と麺をかきまぜて食べるのがビビンクッスで、「あえ麺」とでもいうべきものである。咸鏡道の膾冷麵《フェネンミョン》はその代表である。生のアカエイなどの魚の酢づけを糸切りの刺し身にし、トウガラシの辛みをきかせた調味料であえたもので、おそろしく辛い。

味つけ

【薬念】　伝統的日本料理は肉をほとんど使用しなかったが、そのことをのぞくと、野菜、魚など副食の材料は、朝鮮半島と日本には共通するものがじつにおおい。また、基本的調理技術もほぼおなじであるといってよい。それにもかかわらず、料理の味はまったく別系統のものになっている。薬味と調味料の使用法のちがいが、両民族の味のちがいを生みだしているのである。

味つけの基本になるのは、塩、味噌、トウガラシ味噌、醬油、酢、ゴマ油、すりゴマ、ネギ、ニンニク、ショウガ、砂糖、コショウ、粉トウガラシなどである。これら味つけ、香りづけに使用するものの総称を薬念《ヤンニョム》とよぶ。日本の調味料と薬味を合わせたような概念である。

【ダイズ調味料】　ダイズを利用した発酵性調味料が味つけにおおくもちいられるのは東アジアに共通するが、中国ではダイズを主原料とする日本や朝鮮半島の味噌にあたる調味料は一般的ではない。日本の味噌、醬油は、米や麦の麹《こうじ》をダイズにくわえてつくるものがおおいが、テンジャンとよばれる朝鮮半島の味噌は、ダイズに直接麹をつけた味噌玉だけでつくる。日本でいえば名古屋周辺で伝統的につくられてきた、八丁味噌などの豆味噌とおなじ製造原理である。テンジャンと原理的にはおなじ製法で、発酵したダイズの液体部分をあつめたのが、カンジャンとよばれる醬油で、わが国でいえば中京地方のたまり醬油とおなじである。

奈良・平安時代の文献に、末醬、未醬という名称の調味料があらわれ、これが味噌の語源であるとされる。いっぽう、朝鮮半島では味噌玉をメジュという。メジュがなまって日本語の「みそ」になったという説も有力である。

朝鮮半島独特のものとしては、粉トウガラシをいれて発酵させたコチュジャンというトウガラシ味噌がある。

【ゴマ油】　ゴマ油が多用されることが朝鮮半島の料理の特色のひとつである。ニンニクの香りと並んで、ゴマの香りが重視されるのである。あえ物、煮物、焼き物、揚げ物など、たいていの調理法にゴマ油が使用される。

伝統的な日本料理は油脂欠乏型の調理法であった。炒め物をよくする中国では油脂は台所の必需品であるが、植物油のほかにラードをよく使用することが特色である。朝鮮半島ではブタもよく食べられるにもかかわらず、ラードは特定の料理にしか利用されない。のちにのべるように、朝鮮半島では、お膳のうえにすべての料理をいっぺんにのせてしまう配膳法である。この平面展開型の配膳法では、冷えたら白く固まってしまう動物性の油脂を使用するわけにはいかない。

サラダをドレッシングで食べるようになる前は、日本では油は加熱して使用する食品で、調味料というよりは食材を加熱するさいの媒体としての利用法であった。朝鮮半島でのゴマ油の利用法は、調味料としての性格も備えている。レバーの刺し身にゴマ油と塩をつけて食べることからわかるように、調味料のひとつとしてもちいられるのである。餅やノリにゴマ油を塗る食べ方もある。日本の影響でノリ巻きも食べられるが、巻きあげたノリに刷毛でゴマ油を塗り、そのうえに白ゴマを散らすことがおこなわれる。

【ニンニクとトウガラシ】

日本人にとっての朝鮮半島の料理のイメージとしてまず思いうかべるのは、ニンニクとトウガラシである。具体的な食品としては、この二種の薬味が結合したキムチである。朝鮮半島の料理を好きになるか嫌いになるかのわかれ目は、ニンニクとトウガラシにたいする嗜好による。

日本では仏教の影響でニンニクが嫌われたという説もあるが、日本人がこれらの強烈な香辛料を利用しなかったいちばんの理由は、伝統的に肉食を忌避する食事文化であったことに求めるべきであろう。魚と野菜のおかずで構成された伝統的な食事文化では、強烈な香辛料の活躍する余地がなかったのである。肉をよく食べるようになった現在、日本でのニンニクとトウガラシの消費量が増大している。

朝鮮半島でニンニクをいつごろから料理によく利用するようになったかを明らかにする史料はなさそうである。朝鮮食物史の大家であった故李盛雨《イソンウ》教授は十二世紀ごろの『三国史記』にニンニク畑と解釈される蒜園《さんえん》ということばが書かれているので、そのころにはニンニクが作物として栽培されていたとのべている。

新大陸原産のトウガラシは、十七世紀のはじめに朝鮮半島に伝わったものと考えられている。日本では十八世紀初頭の『大和本草』に、朝鮮半島から伝来したのでトウガラシを高麗胡椒というと記されているなど、江戸時代の文献では、文禄・慶長の役（一五九二〜九八年）のときにトウガラシが朝鮮半島から日本に伝えられたとされている。しかしながら、朝鮮半島側の文献で最初にトウガラシについてのべている『芝峯類説』（一六一三年）には、日本から入ってきたので世俗にはこれを倭芥子《ウエゲジャ》とよぶと記録され、毒があり、これを食べて死んだ人もいると書かれている。

トウガラシを料理や食品加工に積極的に利用するようになるのは十八世紀中頃以降のことであり、一七六六年の『増補山林経済』という書物に、キムチつくりにトウガラシをいれることがはじめて記載されるようになる。

日本の鷹の爪のように極辛の品種のトウガラシはほとんどない。果皮が厚く、辛みのほかに甘みのあるトウガラシが料理によく利用され、粉にしてもちいることがおおい。辛み成分はそれほど強烈でなくても、使用する量がおおいので、結果としては辛い料理になる。粉トウガラシを使用する料理がおおいので、朝鮮半島の料理には赤色をしたものが優勢である。

キムチと塩辛

【キムチ】　民衆のふだんの食卓に並ぶ食べ物の数は、日本の食卓よりもおおい。キムチ、塩辛といった保存食を中心に、そのつど料理する必要のない常備食が食卓に置かれることによって、品数がおおい食事構成となっているのである。

海外に居住する朝鮮半島の人びとが、いちばん郷愁を感じる食べ物がキムチであるという。料理店で一品料理を注文したら、自動的にキムチがそえられて料理が出され、キムチ代は勘定にはつかない。キムチは食事に欠かすことのできないもので、あるのが当然だという意識がある。旅行者としてやってきて、日本の韓国・朝鮮料理店でキムチ代が勘定書きについているので、日本の食堂では漬物代をとるのかと憤慨する人がいるくらいだ。

これほど食生活に重要なキムチではあるが、現在のようなキムチが出現した歴史は案外あたらしい。

数え方にもよるが、千種類以上のキムチがあるといわれる。そこで、使用する材料や漬けこみ方も多様である。そのなかでもっとも普遍的なのが、ペーチュキムチという白菜漬けである。十一月から十二月のはじめにかけて、各家庭で冬越しの保存食品として大量のキムチの漬けこみをするが、この行事をキムジャンとよび、韓国のサラリーマンにはキムジャン・ボーナスというものが支給される。この時期に漬けられるキムチの代表がペーチュキムチである。

白菜に大根の千切り、粉トウガラシ、ニンニク、ショウガ、塩辛などを混ぜて漬けるのがペーチュキムチで、日本でふつうキムチというとこれを指すことになっている。塩辛がいれられることによって、アミノ酸のうま味が付加される。野菜の漬物に動物性食品をいれるのは、朝鮮半島で独自に発達した技術である。

トウガラシは辛さと赤い色素によって食欲をすすめるだけではない。キムチに大量のトウガラシがくわえられることによって、塩辛の脂肪分が酸敗することを防いでいるのである。トウガラシが塩辛の生臭さを抑えるだけではなく、その辛み成分には脂肪の酸敗を防ぐ効果があるので、塩辛が腐敗して悪臭を放つことを防止しているのである。トウガラシにはビタミンCが豊富であり、またトウガラシとニンニクはキムチのなかのビタミンCの酸化を防ぎ、整腸作用をもつ乳酸菌の繁殖を活発にする作用をもっている。キムチが世界でいちばん健康によい漬物といわれるゆえんである。

さきにのべたように、十八世紀後半にトウガラシが普及することによって、現在のようなキムチができあがったのである。トウガラシの普及以前には、キムチに辛い味をつける材料としては、サンショウがもちいられていた。

【塩辛】　塩辛は中国の古代の文献にもあらわれ、明代《みん》あたりまではよく食べられていたようであるが、中国人の食習慣がしだいに生ものを食べなくなるにつれて衰退し、現在では地方的に限定された食品になってしまった。日本では、かつては飯のおかずとしてももちいられたが、いまでは酒のさかなとして嗜好品化している。朝鮮半島では、ジョッカルとよばれる塩辛はよく食べられており、たいていの市場に塩辛専門店があるし、塩辛づくりをする家庭もおおい。塩辛の種類もおおく、全羅南道だけで八十種類の塩辛がつくられるという。

日本の塩辛の食べ方とちがって、粉トウガラシ、ニンニクをすったもの、ネギ、ゴマ、ゴマ油、グルタミン酸ナトリウムなどの薬念《ヤンニョム》とあえて食卓に出す。なかには最初から粉トウガラシなどの薬味類を漬け込んでつくる塩辛もある。ちいさな食器にトウガラシで赤く染まった塩辛を盛って食卓に並べるのは、ごく日常的なことである。さきにのべたように、キムチにも塩辛や塩辛の汁がいれられる。したがって朝鮮半島の家庭での塩辛の消費量はずいぶんおおきいものと思われる。現在では、韓国の都会に住む人びとは買ってきた塩辛を食べるが、海辺では自家製の塩辛を製造する家庭もおおい。「塩辛を食べればその家の味がわかる」といわれ、塩辛づくりは主婦の仕事であった。朝鮮半島の家の庭には、塩辛づくりの甕《かめ》、キムチを漬けた甕、味噌と醤油の甕など、大小さまざまな甕を並べた場所がある。主婦は発酵・醸造食品の製造技師の役割もはたしてきたのである。

酒と飲み物

【酒】伝統的な酒は、薬酒《ヤクチュ》、濁酒《タクチュ》、焼酒《ソジュ》の三種類である。薬酒の一種では、慶州でつくられる法酒《ポプチュ》がよく知られている。現在の法酒のつくりかたは、発酵の最終段階でゴミシ（五味子）、クコ（枸杞）などの漢方薬が酒に浸される。しかし、一般には薬酒といっても薬剤が入っているわけではなく、澄んだ清酒のことを指す。もち米を材料とした薬酒もあるが、普通はうるち米をもちい、コムギを粉砕して固めた餅麹《こうじ》をくわえる。

中国では、米を原料とした酒造りにはもち米を使用するのが一般的であり、日本ではうるち米から酒をつくる。中国の酒造用の麹は小麦粉を固めてつくった餅麹であるのにたいして、日本では米粒にカビを培養した散《ばら》麹をもちいる。

そこで、朝鮮半島の酒造りは、うるち米を材料にすることでは日本と共通し、コムギの餅麹を利用することでは中国の酒造技術と共通しているということができる。このことは日本酒の技術的系譜を考えるさいに考慮しなければならない点である。

李朝時代の薬酒は、日本の清酒のようにもろみを袋にいれて絞るのではなく、もろみのなかに目のつんだ深いザルをいれて、そこにたまった液体をすくいとったものである。

小麦粉とフスマを混ぜた麹で発酵させ、その液体を甕《かめ》のうえに置いたふるいにすりつけるようにしてこし、白濁した液体を得たものが濁酒である。濁酒はマッカリということばで知られているが、マッカリとは「粗雑にこす」という意味である。

薬酒が豊かな人びとの家庭で飲まれたのにたいして、濁酒は民衆の飲み物であった。人をあつめて農作業をしたさいなどは濁酒をふるまう習慣があり、アルコール濃度が低いので、酔うための飲料としてだけではなく、「飲む食料」としての役割もはたしてきた。

焼酒は蒸留酒で、日本の焼酎にあたる。高麗時代（九一八〜一三九二年）に元《げん》の支配下にあったときに蒸留法が伝えられ、焼酒がつくられるようになった。

日本では中世以来マニュファクチャーによる酒造が発展したが、朝鮮半島では酒は家庭でつくるのを基本としたので、産業としての酒造は発達しなかった。そこへ、日本の支配下における酒税法の制定などのできごとがかさなり、自家醸造が密造ということになると、伝統的な酒造りの衰退を経験せざるをえなかった。薬酒にとってかわって日本酒製造の技術でつくられる酒が進出し、単式蒸留法による焼酒が、連続式蒸留法による日本の甲類焼酎の製法に変化したり、ビールがつくられるようになるなどの変化が起こったのである。

現在韓国でいちばんよく飲まれるのはビールと焼酒であり、三位が濁酒、四位が日本式の清酒で、薬酒の消費量はわずかである。

【茶とスンニュン】

飲茶の習慣は、日本より早く新羅の時代（三五六～九三五年）に中国から導入され、高麗時代には仏教寺院を中心に茶を飲むことが流行し、朝鮮半島の茶道とでもいうべき作法も成立した。しかし、李朝時代になると儒教の理念にもとづいて国家を運営し、仏教を排除する崇儒排仏政策のもとで飲茶は弾圧され、茶を飲む風習は忘れられてしまう。

国土の大半でチャを栽培することが可能な日本とちがって、気候的にチャの産地は朝鮮半島南部に限定されている。したがって高麗時代でも茶は貴重品で、民衆の飲み物としては普及していなかった。寺院が農民にチャを栽培させるために厳しい要求をしたことも、李朝時代になって飲茶がすたれた理由として説明されている。

現在の日本の食事に茶がつきものであるように、朝鮮半島の民衆の食事につきものである飲み物がスンニュンである。飯炊きのさい、釜底に残ったお焦げに水をさし、もう一度わかしたのがスンニュンである。麦飯や雑穀の混じった飯を食べていたころは、スンニュンの香りがよくなるよう、麦や豆を釜底に置いて炊いたという。

日本でも茶が民衆の飲み物として普及する以前は、おなじような飲み物がつくられたと考えられよう。「茶の湯」における食事の最後に、湯の子と称するちいさなおにぎりを色づくまであぶったものに湯桶《ゆとう》の湯を注いで飲むが、その起源はお焦げに湯を注いで飲み物としたことによるという。自動炊飯器が普及した現在では、韓国ではスンニュンのかわりに麦茶がよく飲まれる。

食事の構成

【三食】　サラリーマンを中核として形成された都市型の生活が普及した現在では、朝食を簡単にすませることが普通になった。しかし、伝統的な朝鮮半島の食生活においては、一日のなかで、いちばん重要な食事が朝食であった。朝から肉や魚のついた品数のおおい食事をたっぷりととったのである。

人を招いて会食をしたり、儀礼的な食事をするのも朝におこなわれた。そのなごりで、現在でも韓国の伝統的な旅館に泊まると、朝食に十品以上の食べ物を盛ったお膳が出てきたりする。世界でいちばんリッチな朝飯である。

米の飯を主体とした主食であるパブと、おかずにあたる飯饌《パンチャン》でセットを構成する日常の食事を飯床《パンサン》という。朝夕はご飯のつく飯床の食事が普通である。このさい、冷や飯は食べずに、朝夕二回飯炊きをする。現在、韓国では保温ジャーを利用して、日に一度の飯炊きですませる家庭もある。中国でも、そのつど炊いた温かい飯を食べるのが原則であり、東アジアで冷や飯の食事もかまわないとしたのは日本だけである。昼食は軽くすませ、麵床《ミョンサン》という冷麵《ネンミョン》や温麵《オンミョン》を主体とした食事や、粥《かゆ》などが食べられた。

【飯床の献立】　料理の品数がおおいほど立派な食事とみなされることは、日本や中国とおなじである。献立の構成については現在はあまりやかましいことはいわなくなったが、李朝時代に飯床の献立のしきたりが成立し、現在の献立にも影響をおよぼしている。これを黄慧性《ファンヘソン》が整理した次ページの表1にもとづいて説明しよう。彼女は、韓国の重要無形文化財・祖先王朝宮中飲食技能保持者で、成均館大学教授をつとめた。

日本では飯は献立のなかに数えず、一汁三菜、二汁五菜といったふうに汁と料理のかずで勘定する。しかし飯床の献立には、汁である湯《タン》とキムチはふくまれない。それらは食事には欠かすことのできないものなので、あるのが当然だということであろう。勘定の対象となるのは楪《チョプ》という蓋つきの食器に盛られるおかずの数である。三楪《サムチョプ》飯床《パンサン》、五楪飯床《オーチョプパンサン》、七楪飯床《チルチョプパンサン》、九楪飯床《クチョプパンサン》、十二楪飯床《シピーチョプパンサン》、というふうに楪のかずがおおい

チョリム チャンアチ	チョニュファ	フェ	ポ チョッカル	スラン ピョニュック	調味品
チョリム					薄口醬油
チョリム	○		○ポまたはチョッカル		薄口醬油 酢醬油
○	○	○	○ポまたはチョッカル		薄口醬油 酢醬油 酢トウガラシ味噌
○チョリム ○チャンアチ	○	○	○ポまたはチョッカル		
○チョリム ○チャンアチ	○	○	○ポ ○チョッカル	○スラン ○ピョニュック	練りガラシ

ほど豪華になる。中国では偶数が好まれるが、朝鮮半島では日本とおなじく三、五、七というふうに奇数の品数をおもんじる。十二楪は民間の献立ではなく、宮廷料理の場合である。

　基本的な献立である三楪飯床の場合にも、湯とキムチはかならずついている。湯あるいはクックとよばれる汁には、醬油あるいは塩で味をつけた清まし汁と味噌汁とがある。ちなみに中国には味噌汁はない。汁の出しには牛肉が好まれ、出しをとった肉も汁と一緒に食べられる。

　三楪飯床のさいの楪は、キムチとおなじくニンニク、トウガラシ、ショウガなどの薬味と酢であえた、日本でいえば生野菜のなますに相当する生菜《センチェ》と、ナムル

料理 / 献立の種類	パブ（ご飯）	タン（汁）	チゲ チム	キムチ	センチェ	ナムル	クイ
三楪飯床（一汁三菜）	○	○		○	○	○	○クイまたは
五楪飯床（二汁五菜）	○	○	○チゲ	○	○	○	○クイまたは
七楪飯床（三汁七菜）	○	○	○チゲ ○チム	○○2種	○	○	○
九楪飯床（三汁九菜）	○	○	○チゲ ○チム	○○○3種	○	○	○○2種
十二楪飯床（五汁十二菜）	○○2種	○○2種	○○チゲ ○チム	○○○3種	○	○	○○2種

表1　飯床の献立　（黄慧性・石毛直道『［新版］韓国の食』平凡社ライブラリー、2005年、67ページ）

という名称で日本にも知られている、ゆでたり炒めたりした野菜のあえ物と、クイあるいはチョリムとから構成される。

クイは焼き物であり、牛肉、ブタ肉、鶏肉、魚など動物質のものが好まれるが、ツルニンジン（トドック）などの野菜を焼いたものや、焼きノリもある。いわゆる朝鮮焼き肉のようにその場で焼くこともある。

チョリムは煮物である。肉の煮物や、ジャガイモや豆などを煮たもので、野菜は醤油味、肉の場合はコショウやトウガラシをもちいて辛く煮ることがおおい。肉のチョリムは保存食としてつくり置きすることもある。

五楪飯床になると汁の種類が二種類、

七楪飯床になると汁が三種類になる。品数がふえるとチゲやチムも汁とみなされる。チゲというのは汁気のある煮物で、味噌やトウガラシ味噌（コチュジャン）で味つけしたものと、アミの塩辛や塩で味つけしたものがある。トゥッペギという素焼きの小ぶりの食器を直接加熱して、一人前ずつつくって供する。チムというのは大ぶりに切った肉や魚に野菜類をくわえて、蓋をして醬油味で蒸し煮にしたもので、汁気がすこしある。

さきの表に見るように、品数がおおい献立になると適用される料理技術の種類がおおくなる。おなじ料理技術、おなじ食品がかさならないように配慮しながら献立がつくられる。

煎油花《チヨニユフア》、あるいは一般には煎油《チヨニユ》といわれる料理は、肉、魚、野菜などの材料に小麦粉をまぶしたうえに溶き卵をつけて、鉄板やフライパンで焼いたイタリア料理のピカタのような料理である。チャンアチは野菜の味噌漬け、醬油漬けのたぐいで、日本の福神漬けのようなものである。

膾《フエ》は、日本の刺し身やなますにあたる料理である。魚や肉の材料に応じて、トウガラシ味噌を酢で溶いたものや酢醬油などをつけて食べる。エイを酢でしめて、トウガラシで辛く味つけして食べるように、はじめから生ものに酢を主体とした味つけをしておくなますもある。牛肉の赤身の刺し身であるユッケは日本でもおなじみとなった。

歴史的には、中国でも肉や魚のなますや刺し身を食べていた。生魚を食べる風習は東アジアから太平洋にかけて分布していたのだ。そのうち中国が生肉や生魚を食用にするのをやめただけのことである。そして日本では、刺し身を最高の食べ物とする料理体系が特殊発達をとげたのである。

脯《ポ》には、牛肉の干し肉である肉脯《ユクポ》と魚肉を干した魚脯《オポ》がある。肉脯はウシの腿肉の赤身の部分を薄切りにして、醬油、コショウ、蜜などをもみこんで乾燥させたもので、ゴマ油を塗ってあぶって食べる。ジョッカル（表ではチョッカル）は塩辛である。

水卵《スラン》はポーチドエッグ、片肉《ピョニユック》はゆで肉のスライスで、牛肉の場合はつけ醬油で食べるが、ブタ肉はアミの塩辛をつけて食べるのが常法である。

こうしてみると、品数はおおくても、つくり置きできる食べ物を多数とりこんだ合理的な献立構成であるといえよう。

配膳と食べ方

【配膳法】 現在の韓国の都市では、椅子を使用してテーブルで食事をしたり、おおきな座卓を使用することもあるが、かつての日本とおなじように、膳で食事をするのが伝統であった。すべての食べ物をあらかじめ膳のうえにのせてから食事をはじめる「平面展開型」の配膳法であることも、日本とおなじである。

日本は銘々膳で、一人にひとつの膳がすえられたが、朝鮮半島では独座床《トクチュアサン》という銘々膳のほかに、二人がさし向かいで使用する兼床《キョムサン》、おおきな卓袱台《ちゃぶだい》状の膳である周盤《トウリバン》、客用のおおきな食卓である交子床《キョジャサン》などの食卓がある。家長の食事や正式に客をもてなすときには独座床がもちいられたので、食事作法の基本は、日本とおなじく一人ひとりに食べ物が分配される食べ方にある。

中国では、唐代（六一八〜九〇七年）から北宋代（九六〇〜一一二七年）にかけて西方から椅子、テーブルの生活が導入され、ひとつの食卓を複数の人びとがかこむ食べ方に変化した。そして、飯と汁は個人別によそわれるが、おかずは共通の食器に箸をのばして食べることになった。また、「時系列型」の配膳法がなされるようになり、宴会などの食事では、時差をもってつぎつぎと料理が配膳されるのである。

床暖房であるオンドルが発達した朝鮮半島では、椅子式の食卓はなじまない。男はあぐらをかき、女は片膝を立てて食卓に向かう。

李朝時代に、男女の別、世代間の長幼の別をおもんじる儒教思想を生活規範とすることが中国よりも徹底したので、食事のきまりはたいへん厳格であった。両班《ヤンバン》という貴族階級の家庭では、祖父母、家長、男の子たち、娘たちなど、性別・世代別にわけられたグループが、別々の棟や部屋で時差をもって食事をした。そのさいに家長は独座床をもちいて一人で食べ、子どもたちが一緒に食べる場合は人数に応じて兼床あるいは周盤をもちいるなど、使用する膳の種類がことなっており、家族全体の食事がおわってから主婦が食事をとるのであった。

一般の民衆の伝統的な食事の場合は、家族内の世代間の差は省略されるが、男女の別は守られた。すなわち、男は舎廊房《サランバン》という男の部屋で、女は内房《アンバン》という女の部屋で、それぞれおおきな周盤をかこんで食事をしたのである。嫁と姑が一緒に食卓をかこむさいは、嫁は食卓の下に自分の食器を置いて食べた。嫁だけが土間のオンドルの焚き口で一人で食べることもおこなわれた。暖かな場所で、姑に気兼ねせずに食べることを好んだのである。

る。日本は箸だけをもちいて食べ、中国では汁用に散り蓮華《れんげ》がくわわる。朝鮮半島では金属製の箸とながい柄のついた匙《さじ》を食事のさいの必需品とする。匙は、汁や汁気のおおいキムチをすくって食べるのにもちいるだけではない。飯も匙ですくって口に運ぶのである。ただし、飯を箸で食べても不作法というわけではないようだ。

【食器と食べ方】

日本でも奈良・平安時代の貴族の正式の食事には匙がもちいられたが、民衆には普及しなかった。木椀が食器として発達した日本では、椀を口につけて汁を飲むことが作法となったのである。現在の中国では、飯を食べるのに匙をもちいるのは、ポロポロした炒飯や粥《かゆ》を食べるときにかぎられる。しかし明代になるまでは、普通の飯も匙ですくって食べる風習があった。朝鮮半島の食べ方は、この中国の古い食事の方法を伝えるものである。

朝鮮半島の食器というと、金属製のものを使用していると思いがちである。現在では夏冬通じて金属の食器がもちいられることもあるが、正式には夏は陶磁器をもちい、冬は金属の食器を使用する。かつては上流階級は銀器をもちい、民衆は真鍮の食器であったが、現在ではステンレスの食器がよく使用される。

家庭の食事では、箸と匙と飯を盛る食器は、それぞれ誰の使うものかが決まっている。子ども時代には母からもらった食器を使用し、ついで、結婚のさい花嫁が自分と夫のために用意した食器を使用する。その他の食器は家族の共用である。銘々膳で食事をしていたころの日本では、箸とふだんの食事に使用する食器はすべて個人専用であった。中国では個人の専用する箸や食器が決まっていないのが普通である。

兼床や周盤などをもちいて、ひとつの膳を複数の人びとがかこんで食事をするとき、飯と汁は個人別に盛りつけられる。ほかのおかずはひとつの器に盛られ、直箸《じかばし》で食べる。

日本の食事作法といちばんちがう点は、食器を手で取りあげて食べるのは不作法とされることである。食器を膳に置いたまま、食べ物を箸や匙で口にはこぶのである。食器をもって食べる日本式の食事は「乞食の食べ方」といって非難される。

食べ残すことは非礼ではない。むしろ、すべてを食べつくすのは「いやしい」とされる場合がある。家庭での伝統的な食事の場合、食べ残すのが礼儀とされていたのである。家長が食べたあと、残ったものに盛りたして男の子たちのグループの食事にまわしたり、家族が食べ残したものにたして使用人の食事にまわすといった、上位の者から下位の者への食べ物の「さげわたし」の風習があったからだ。つぎに食べる者のことを配慮しないで全部食べてしまうことは、貪欲とされたのである。

第2章　世界における中国の食文化

文明というものが世界の民族文化をいくつかのブロックに編成していく歴史的過程において、宗教や社会制度のみならず、周辺の民族の食の文化にも深い影響をおよぼすのは当然のことである。しかし、周辺民族ばかりではなく、近代の世界の各国にうけいれられた食の文明は、巨視的にはヨーロッパと中国のふたつだけであるといえよう。

ヨーロッパの食物や食事法は、近代における、世界のいわゆる西欧化という政治・経済・軍事的背景に支えられて進出したものである。それにたいして、中国の場合は国家権力などとは無関係に、おいしく、実質的な食事であることを現地の民衆に評価されることによって、中国料理店が世界中で営業するようになったのである。そのことは、中国の食の伝統がいかにすぐれたものであるかをものがたっている。

中国の食の伝統の根幹は、人口の九〇パーセントを占める漢族によって形成されたものではあるが、少数民族の存在を忘れてはならない。現在の中国には漢族以外に五十五の少数民族がいる。国土面積の五〇～六〇パーセントは少数民族によって占められているのだ。古来、中国の食の伝統の重要な部分を構成する作物や料理技術は、少数民族を経由して漢族にもたらされたのである。

中央アジア方面からは、コムギと粉食の文化にともなう製粉技術、掛炉《グアールー》とよばれるオーヴン式のかまど、胡《こ》という文字がつけられることによって中央アジア方面から伝来したことがわかる作物や食品の数々、ヒツジ料理のいくつかにみられる牧畜文化で成立した料理法、それに本格的定着はしなかったが乳製品が、これら少数民族を媒介してもたらされた。

東南アジアと一連の地帯である西南中国の少数民族の地域からは、稲作とそれにともなう食事文化が新石器時代に伝来したし、チャの原産地もこの方面に求められる。東南アジア起源のなれずしは、かつては漢族によってさかんに食べられた。稲作にともなう日本の食事文化の基層を探るうえでも、この地域の少数民族は重要な情報源となっている。

食品と料理

ユーラシア大陸の主食作物とその料理法を鳥瞰したとき、西は麦類の粉食、東は米の粒食という二大類型に分類される。新石器時代に華北は粟《あわ》・黍《きび》、南の長江（揚子江）流域は米を主食とする食生活が成立した。漢代以後、しだいに華北ではコムギの粉食がなされるようになり、雑穀類にも応用されるが、古代中国における主食の基本的料理法は、穀類を粒のまま蒸して食べることであった。蒸す技術は世界のなかでも中国でとくに発達したもので、中国料理を特徴づける料理法のひとつとなっており、朝鮮半島、日本、東南アジア諸国にも影響をあたえた。粉食作物のコムギの料理法でもパン焼きではなくて、蒸して食べる饅頭《マントウ》が主流となった。中国で成立した重要な粉食法として、ひも状に加工した麵《ミエン》条《ティヤオ》（うどんの類）がある。

東南アジア、日本、朝鮮半島の稲作地帯では、食事は米を主役とする主食とそれに添えられる副食のふたつのカテゴリーから構成されるものとする観念が認められ、主食偏重の食生活となる傾向がある。中国でも、食事は主食である飯《ファン》と副食の菜《ツァイ》の二種の食品から成立するという分類概念がある。それが南方の米食地帯から出たものであるかどうかは別としても、歴史的に大運河を利用して大量の米が華北に輸送され、食べられてきたことに留意する必要がある。

長城以北は牧畜民の世界であり、牧畜獣の肉のほかに、乳製品が食生活に占める比重がおおきいものであった（一七三ページの図12参照）。

それにたいして漢族の伝統的な分布圏は、乳しぼりの慣行を欠如した非牧畜地帯にあたる。唐代には、牧畜をおこなう西・中央アジアの民族の影響で、一部の漢族が酪《らく》、酥《そ》、醍醐《だいご》などとよばれた乳製品を賞味したことが知られているが、この実物がなんであったかは、現在では不明のものがある。これらの乳製品は漢族の民衆の食事としては定着することなしに消滅してしまった。

牛馬は乳用・食用家畜ではなく、役畜として飼養されてきたものであり、哺乳類ではブタが、家禽ではニワトリ、アヒルが肉用の動物として重要であった。料理店で供される料理など、ごちそうとしての中国料理には肉が多用されているが、民衆の常食に肉料理が食べられる機会はすくなく、肉を日常的に食べられる階級はかぎられていた。

広大な国土にくらべて海岸線は短い典型的大陸国家なので、海産の魚よりも淡水魚の利用のほうが食生活に重要であった。冬季に水面が氷結をしない南方では、古くから養魚がさかんであったが、淡水魚の養殖は、中国で開発された重要な食料生産技術である。

果実酒、蜂蜜酒のように、糖質の原料から発酵させる酒は、東アジアでは発達しなかった。酒造りのさいに、穀物のでんぷんを糖化させるための発酵スターターとして、ユーラシア大陸の西側では、ビールやウイスキーを麦芽のスターターからつくることからわかるように、穀物が発芽するさいの糖化作用を利用している。すなわち、モヤシの酒造りの地帯となっている。それにたいして、東南アジア、東アジアでは、さまざまな麹《こうじ》、すなわちカビの作用を利用した酒造りをする（図1）。このカビ＝麹による発酵技術の起源地は不明であるが、古代においては、中国が中心地となってこの技術が発達してきたことはまちがいない。

酒造りばかりではなく、副食物、調味料に麹の発酵技術が応用され、それは日本や朝鮮半島にも伝わり、東アジアの特徴的な食品加工技術となっている。そのなかでもっとも重要なのが、万能調味料であるさまざまな発酵性の醬《ジャン》類である。漢代（前二〇

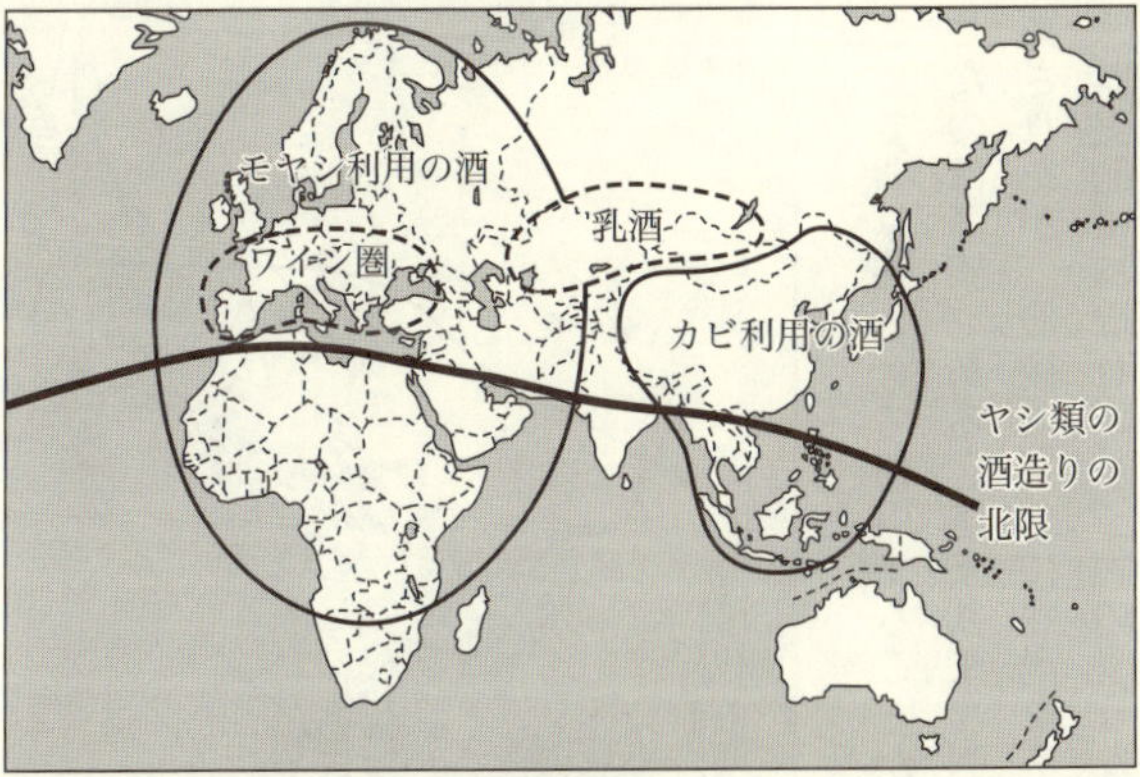

図1　世界の伝統的酒造りの分布模式図

二～後二二〇年）以前の醬は肉や魚を原料として、塩、麴、酒を混ぜて発酵させたものである。この肉醬、魚醬の動物性の原料のかわりに、ダイズや穀類を利用するようになって成立したのが、現在につながる穀醬類である。穀醬は漢代になって出現し、しだいに肉醬、魚醬にとってかわるようになる。近世に華僑が進出するまで、酒造り以外に麴を利用する食品加工が発達しなかった東南アジアでは、現在も塩辛系の食品である魚醬が、重要な副食物と調味料として利用されている（図2）。

酒と並んで重要な飲み物である茶は、中国から世界にひろまったものである。チャそのものは雲南からアッサムにかけての地帯に原産する植物であり、これを自然発酵

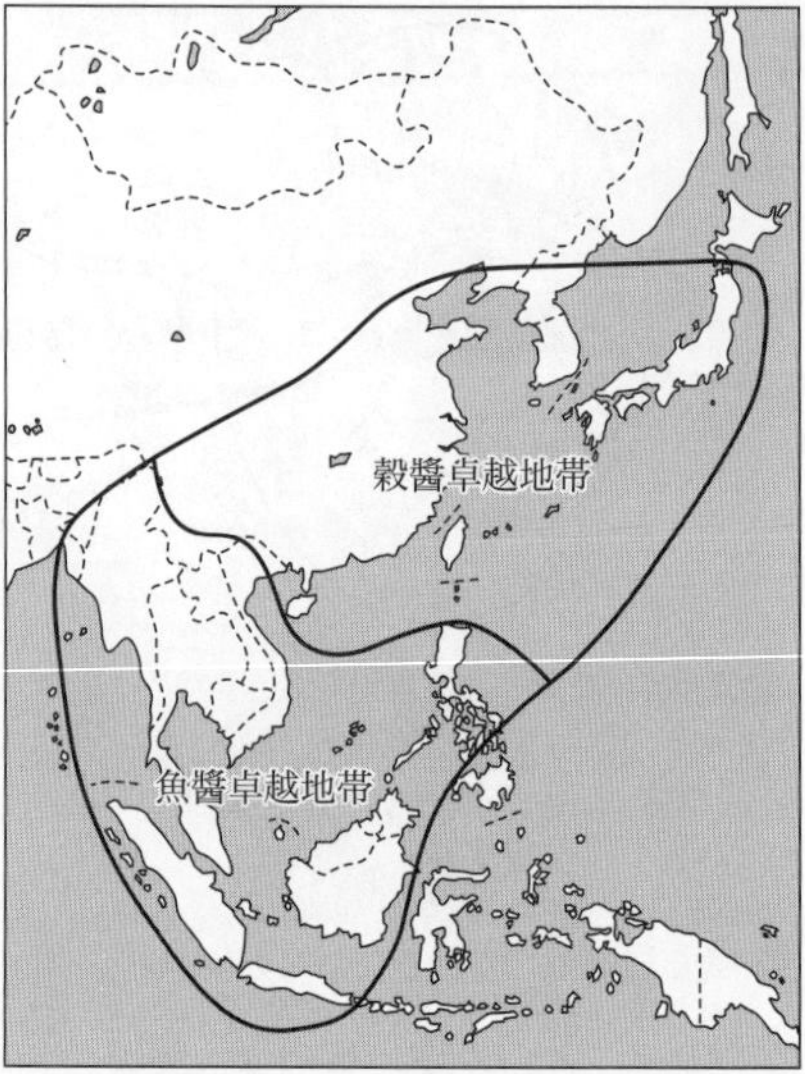

図2　東アジア、東南アジアの調味料文化圏

させて噛み茶として利用することがおこなわれてきたが、これを飲み物として普及させたのは漢族である。さまざまな製茶法や、香料や調味料をいれて茶を飲む方法が考案されたが、最後に茶葉に熱湯をそそぐ、現在の飲茶法におちついた。

歴史的にはなれずし、膾《なます》のような生食もおこなわれたが、現在の中国料理はほとんどが加熱して食べるものばかりである。火熱の利用法に優れ、火工と呼ばれる加熱法は炒《チャオ》、炸《ジャア》、爆《バオ》、焼《シャオ》、蒸《ジョン》、烤《カオ》……など何種類にも分類されており、火の芸術とでもいうべき料理体系になっている。油脂をよく利用することも中国料理の特色であるが、高熱で手早く炒める方法は、宋代にコークスが炊事に利用されるようになり、また鉄鍋も普及したことにも関係をもつことであろう。

牧畜をとりいれた食料生産体系のヨーロッパの料理の主役は肉であり、肉食をほとんどしない食生活で成立した日本の伝統料理では、ごちそうは魚で、野菜が脇役となっている。それにたいして、中国料理の場合は肉、魚、野菜のいずれかにかたよることなく、この三者を組み合わせ、おなじ鍋のなかで料理することもおおい。また、乾《ガン》貨《フォ》とよばれる乾物の利用がさかんである。

多種類の材料と多彩な料理技術が組み合わされ、しかも地方ごとの特色があるので、中国料理の種類は驚くべき多様性をしめす。しかし、その台所用具はじつに単純である。包丁、まな板、麵棒、中華鍋、蒸籠《せいろう》、杓子《しゃくし》、へらだけの道具で、ほとんどの料理をつくることができる。道具に頼るのではなく、身についた技術で対処する料理法なのである。

食べ方と食事観

十七世紀ごろから、ヨーロッパでナイフ、フォーク、スプーンをもちいて食事をすることがなされるようになるまでは、中国文明圏のほかの世界では手食をするのが普通であった。

箸と匙《さじ》を使用して食事をする風習は、戦国時代ごろからおこなわれるようになった。古くは匙で副食ばかりではなく飯も食べていたものが、明《みん》代から飯、副食物を箸で食べ、匙はスープ類専用の道具として使用するようになった。箸をつかう習慣は、ヴェトナム、朝鮮半島、日本でも採用されたが、現在のヴェトナムは中国式に箸、匙をつかいわけ、朝鮮半島では中国の古い習慣を残して飯も匙で食べ、椀が汁物の容器として発達した日本は、箸だけで食事をする。

箸を使用することから椀形の食器がよくもちいられるようになった。中国は陶磁器の生産技術が発達した国であるので、陶器、磁器の食器が世界のなかでいち早く普及した。

昔は一人前ずつ食物を盛りわけ、膳状あるいはランチョンマットのような食卓に並べて、床のうえに座って食事をしたもののようである。その食事方法は朝鮮半島や日本にうけつがれた。宋代に椅子、テーブルの生活が普及することによって、飯とスープは個人専用の碗に盛るが、副食物はおおきな共用の食器にいれて、直箸《じかばし》でつつき合う配膳法に変化したものであろう。

儒教の礼の観念が食事の場にも反映され、解放以前は家族全員で食卓をかこむのではなく、大家族が男と女にわかれて、男班と女班が別々に食事をとる家庭もおおかった。

『周礼《しゅらい》』に食医があらわれることからもわかるように、古来中国では「医食同源」「薬食一如」などといわれて、食物のそれぞれに薬効を求め、食を通じて健康の維持増強をはかろうとする思想がつよい。これに陰陽五行説、神仙術などが結合し、道教的食物観が形成された。現在でも食を通じて不老長寿を追求しようとする観念が、民衆のあいだに根づよく生きているが、それは道教の思想にもとづくものである。

殺生戒を重んじる仏教が核となり、素菜《スウツァイ》とよばれる精進料理が成立した。またブタ肉や異教徒の殺した肉の食用を禁じたり、断食月の日中の飲食を禁じるなどの戒律のあるイスラーム教徒のあいだでは、清真菜《チンジエンツァイ》という料理がつくられた。現在では都市の食堂で、素菜、清真菜とも宗教とはかかわりなしに食べられている。

漢代から飲食店があった中国は、世界でもっとも早くから外食施設が発展した国である。朝食や間食は家庭ではなく、手軽な食堂ですますこともよくおこなわれ、外食が日常の食生活の一部として組みこまれているのである。

日本では最近まで、男性が食べ物についてとやかくいうことははしたないとされる、禁欲的食事観があった。しかし中国では、孔子は『論語』の中で「飯は精白したものがよく、膾は細く切ったものがよい……」といったふうに、食物にたいするさまざまなコメントを残しており、孟子も、「食欲と色欲とは人間の本性である」と認めている。このように中国思想の本流では、古代から食の快楽が素直に肯定されてきたのである。したがって男性でも、食べ物についての知識や技術をもつことは恥ずべきことではなく、むしろ教養の一部であった。

この、古代から続いている食にたいする探究心が、中国の食べ物を世界に冠たるものに育ててきたのである。

第3章　東南アジアの食事文化

東南アジアはひとつの世界ではない。言語、宗教、風俗習慣のちがうおおくの民族が、森林、平野、島嶼《とうしょ》などのことなる環境にモザイク状に配置されている。文化的には複雑な構成をしている地域である。

それでいてこの広大な地域は、歴史的には東進するインド文明と、南下する中国文明のふたつの巨大文明の影響をうけてきたという共通点をもっている。インドシナ半島からインドネシアにいたるまで、この地域につくられた古代国家はインド文明の影響下に成立したものであるし、これらの国々は、いっぽうでは朝貢国として中国との関係をたもっていた。近世においても、華僑としての中国移民がこの地域の商業網を支配する現象がいちじるしいし、植民地体制下における労働力としておおくのインド人が移住してきている。したがって、現在でも東南アジア全域の食生活にインドと中国の影響が認められる。

インドの味を象徴するものは、スパイス（香辛料）やハーブ（薬味草）をすりつぶすための石でつくった道具である。小型の石臼と石杵《いしきね》、あるいは石皿と石杵のセットは東南アジアの台所の必需品である。この道具で、種々のスパイスやハーブをたたきつぶしたり、すりつぶしたりして、いわゆるカレー料理の調味料をととのえるのである。貧しい家庭では、ココヤシの殻の中に薬味類をいれ、乳棒《にゅうぼう》状の石ですりつぶすこともある。

東南アジアは世界でもっとも重要なスパイス類の生産地であるが、この地方原産のスパイスを薬用や調味用に利用することを開発したのは、古代にやってきたインド人である可能性がつよい。そのことは、原産地においてもサンスクリット語に由来する名称でよんでいるスパイス類があることから推定される（たとえば、コショウ、ニクズク〈肉豆蔻〉、シナモン〈肉桂〉のマレーシア、インドネシアでの名称にみられる）。東南アジアではこれらのスパイスやハーブ類を単独で使用するのではなく、何種類もミックスしてカレー風の調味にしたてあげるのが普通である。

中国の影響をものがたるのは中華鍋である。東南アジア全域の台所に、両側に取っ手のついた中華鍋が万能の料理鍋として分布している。料理用の包丁も、長方形の刃をした中国式のものが普通である。華僑によって伝えられた中国食品のなかでは、豆腐や麵類（東南アジアではコムギを生産しないので、米でつくった麵類がおおい）などは、ごく一般的な食品としての地位を獲得している。

豆腐は日本のものより固いので、水のなかに漬けることはせず、そのまま積みあげて売っている。たんぱく質に乏しい東南アジアの食生活に、豆腐はおおきな役割をはたしている。

このようにインド、中国のつよい影響をうけていながら、東南アジアではインド料理や中国料理の亜流ではない各民族の味が形成されてきた。東南アジアでの味を論じるときには、本当は現在の国家単位ではなく、民族ごとに語らなければならない。ひとつの国家のなかに、居住環境や文化を異にし、その結果、味を異にする複数の民族が居住するからである。しかしここでは巨視的に、東南アジア全域をおおう主要な食品や調味料について簡単に紹介することにしよう。

主食の王座は米

東インドネシアには、サゴヤシのでんぷんやバナナ、タロイモを主食とする島々がある。東南アジアの農業の古層には、タロイモ、ヤムイモ、バナナなどの根栽作物をつくる文化があり、そのうえにアワ、ハトムギ、モロコシ、キビ、ヒエなどの雑穀類と陸稲を栽培する農業がかさなり、最後に水稲を主作物とする農業文化がやってきたと考えられている。在来の根栽作物や雑穀類は、もはや副次的な主食作物の地位に転落し、むしろ、新大陸起源のトウモロコシ、マニオク（キャッサバ）、サツマイモのほうが、主食としては重要なものとなっている。しかしなんといっても、東南アジアの主食の王座は米によって占められている。

インドのアッサムからミャンマー、タイ、ラオスの北部に連なる東南アジア大陸部の山岳地帯では、ジャポニカ種のもち米を甑《こしき》で蒸したものを主食としている。現在ではインディカ種の米が主流となっているその他の地域でも、過去にはジャポニカ種の占める比重がおおきかったようである。また、東南アジア全域をつうじて、行事のさいの料理には、もち米料理やもち米でつくった菓子類がおおいことを考えにいれると、過去にはもち米の利用もさかんであったものと推定される。

蒸すにしろ、炊くにしろ、東南アジアでの主食としての米料理は、味つけをしないプレーンライスが主流である。これは、インドから西の地域では油脂と塩をいれてピラフ風に米を料理するのが普通になっているのと対照的である。

味つけをしていない米が主食であるのにたいして、味つけをした肉、魚、野菜の料理が副食となる。日本で飯はご飯とおかずから構成されていると認識されているのとおなじように、東南アジアのおおくの言語では、主食と副食というふたつのことばに代表されるカテゴリーに料理を分類し、主食と副食の両方がセットとなって供されることによって食事が構成されるという観念が認められる。このさい、食事ということばは、しばしば飯――料理した米――と同義語となる。それは、パンは食卓に並べられる料理のひとつにすぎず、主食にあたることばのない西欧の食事体系とは、まったくことなるものである。

過去の日本や東南アジアでは、飯は腹を満たす材料であり、副食は飯を食べやすくするための食欲増進剤としての意味をもつものとなっていた。都市のレストランでの豊富な肉料理や魚料理から東南アジアの民衆の食生活を判断してはならない。田舎の農民たちの日常の食事は、できるなら米を腹いっぱい食べられたらそれでいいのであり、おかずは野菜か少量の干し魚の料理が一品添えられるにすぎない。主食中心の食生活なのである。そこで、料理は常に米の味に合うように、塩味や辛みをきかせてつくられている。

たんぱく源は肉より魚が中心

東南アジアは、ウシやヒツジなど有蹄類《ゆうているい》の家畜を群れとして管理することに生計が依存する「牧畜」という生活様式の欠如した地域である。牧畜の原理のひとつである家畜の乳しぼりをすることもなかった。そこで伝統的には乳製品を欠いた食生活となっている。

主要な家畜はウシ、スイギュウ、ブタ、ヤギである。鳥類の肉ではアヒルはニワトリについで重要なもので、市場向けに大量に飼育されるほか、農家では自家消費用に数羽のアヒルを飼っているところがおおい。

ウシ、スイギュウは役畜として飼われるので、その肉を食べる機会はすくない。イスラーム化したマレー半島、インドネシアでは、イスラーム教徒はブタを食用とすることが禁じられている。しかし、インドネシアのなかでもヒンドゥー教の残ったバリ島では、ブタが重要な食用家畜となっている。過去にはイヌを食用とすることもおこなわれていたようで、スマトラ島の非イスラーム教徒であるバタック族やアチェ族、それにフィリピンではイヌを食用とする習慣がいまも残っている。

量的には、肉よりも魚のほうが重要な動物性たんぱく源となっている。海水魚は塩のきいた干物にして保存することがおおい。東南アジア全域で淡水魚の養殖がさかんで、養魚池を備えた村もおおい。

魚をなれずしにして保存する方法が、ミャンマー、ラオス、ヴェトナム、タイ、カンボジア、マレー半島部、ボルネオ、フィリピン北部に分布する。魚を、炊いた米や蒸した米あるいは炒った米とともに甕《かめ》のなかに長期間漬けこみ、米が乳酸発酵することにより、魚を腐らせることなく漬物として保存する方法がなれずしである。日本の琵琶湖の鮒《ふな》ずしもなれずしの一種である。なれずしの技術は、インドシナ半島のメコン川流域で淡水魚を保存する方法として開発されて、各地へ伝播した可能性がつよい。

魚醬で味つけ

イワシなどの雑魚《ざこ》や小エビに、多量の塩を混ぜて漬けこむと、自家消化の作用で塩辛ができる。この塩辛の上澄み液を瓶にいれた魚醬油――日本のしょっつると同類のもの――は万能の調味料として、醬油とおなじように料理の味つけやつけ醬油としてもちいられる。ヴェトナムのニョク・マム nuoc mam が有名であるが、ミャンマー、ラオス、タイ、カンボジア、マレー半島部、フィリピンのルソン島、それに中国南部および山東省にも同様のものが分布する。

ペースト状の塩辛も調味料として利用され、フィリピンではバゴーン bagoong、マレー半島部ではブラチャン belacan とよばれている。ジャワ島では魚醬油としての塩辛の利用はないが、小エビの塩辛を乾燥させてつき固めた魚醬であるトラシ

terasi がある。魚醤油、塩辛の総称を魚醤というが、いずれも強烈な臭気があるいっぽう、日本の出しに通じるうま味をもっている。

中国系の醤油、味噌の類の発酵食品は、現在普及しつつある段階である。高温湿潤な気候なので、発酵のコントロールが困難であるため、醤油、味噌類が発達せず、塩辛系の調味料に代用されたのだろうか。

核酸やアミノ酸のうま味にたいする嗜好はつよく、現在では東南アジアの全域でグルタミン酸ナトリウムの化学調味料（うま味調味料）が日常生活に欠かせないものとして普及している。

伝統的な料理用の油脂としては、インドシナ半島部ではブタの脂肪が好まれてきた。イスラーム圏であるマレー半島やインドネシアでは、ココヤシからつくったヤシ油が、この地方の料理を特色づける独特の風味を生みだしている。現在、マレーシアではヤシ油から他の植物油に料理用の油の主流が変わりつつある。フィリピンでは、十八世紀までは油脂を料理に利用するのは一般的ではなかったようである。

ココヤシの胚乳をおろし金などでおろして、水をくわえて油脂分をもみ出すと、甘みをおびた、油気のある、乳白色のココナツミルクができる。これは主に煮物をするための出しとしてつかわれ、東南アジア全域に共通した味となっている。食物を水で煮るよりも、ココナツミルクで煮るほうが上等の料理法とされている。

フィリピンでは何種類かのヤシの樹液を原料とする酢がつくられるが、一般に東南アジアでは酢を醸造することはあまり発達せず、柑橘《かんきつ》類のジュースを利用することと、酒石酸成分のおおいタマリンドの果肉を水のなかでもみ出した液体が、酢のかわりにもちいられる。

この地域に原産するサトウキビは、近代的製糖法が導入されるまでは、その幹をかみしめるために栽培されていた。サトウヤシの雄花房の花軸を切って採集した液体を集めて煮たシロップや、これに石灰をいれて煮てつくった粗製の赤砂糖は、甘みのほかに一種の風味があり、伝統的な菓子づくりに欠かせない甘味料となっている。

トウガラシの辛みを多用

この地域は、古くから香辛料を世界に輸出してきた歴史があるにもかかわらず、チョウジ（丁子）、シナモン、ニクズクなどを日常の料理に利用することはなく、それらはもっぱら輸出用の商品作物にとどまっていた。輸出用に乾燥させた状態のスパイスで比較的よく利用されたのはコショウくらいのものである。

コショウよりも、現在の東南アジア料理は新大陸原産のトウガラシの辛みを多用する。そのために、フィリピンをのぞく現在の東南アジアの料理は辛みのきいたものになっている。ショウガ、コウリョウキョウ（高良薑。ショウガに似た植物、学名 *Alpinia galanga*）、ターメリック、ニンニク、タマネギなどを、乾燥したものではなく生のまま、トウガラシとともにすりつぶし、塩や魚醤をくわえたものがスパイス料理のベースとなり、東南アジア料理をスパイスのきいたものに仕立てあげている。タコノキ（パンダヌス、学名 *Pandanus odorus*）の葉の液を香味づけと色づけ（緑色）につかったり、レモングラス（学名 *Cymbopogon citratus*）の茎、ハッカ、コエンドロ（コリアンダー、胡荽）、バジリコ類の葉などの生のハーブ類を煮物にいれたり、生のまま薬味としてできあがった料理のうえに散らしたりするが、よく利用されるスパイスやハーブの種類は地域によってことなる。

おおまかにいえば、インドシナ半島部ではハーブ類の利用がさかんで、インドネシアではスパイスがよくつかわれるといえよう。インド亜大陸からもっとも遠く、インド文明との交流が比較的すくなかったフィリピン諸島では、スペインや中国の料理が近世になって影響をおよぼすようになるまでは、スパイス、ハーブ類を利用することはあまりなかった。現在でも、東南アジアのなかでフィリピン料理は、強烈なスパイスの香りを欠いた穏やかな味つけのものとなっている。

フィリピンの食生活

フィリピン人どうしの会話でも、インテリたちはアメリカなまりの英語を共通語として話す。年寄りだとスペイン語をしゃべる者もいる。都市の中国人街では、福建語や広東語の会話が聞かれる。義務教育で教える国語としては、タガログ語を基本としてつくられたフィリピン語（ピリピーノ）がつかわれる。そして、家庭では自分たちの出身の地方のことばがつかわれる。ビサヤ語、イロカノ語、ビコール語など、全国で約百四十の方言があり、ヨーロッパでいえばドイツ語とイタリア語くらいかけ離れた方言もある。

言語にみられるような関係が、フィリピン人の食生活にもあらわれている。方言の差のように、地域によってことなる料理法がみられる。フィリピン料理は、すくなくとも八つの地域に分類して考えなければならないという。これらの地方的特色をもつ料理のほかに、現在ではフィリピン各地に共通する国民料理ともいうべきものがある。そのような料理のほとんどにはスペイン語の名前がつけられており、スペイン統治時代に成立した料理であることがおおい。

さらに、中国人の移民がおおかったこの国では、家庭料理にも中国料理を変形したものがとりいれられている。人口の九〇パーセントがローマ・カトリックの信徒なので、イスラーム教徒の国であるマレーシアやインドネシアとはちがって、ブタ肉をつかう中国料理店への出入りを禁じられることもなく、外食としても中国料理は好まれている。また、アメリカ文化に親近感をもつ国柄から、都会ではアメリカ式のファストフードの店が大繁盛である。

複雑な民族構成と歴史

このような多様性をもつフィリピン人の食生活を理解するためには、この国の歴史について知らなければならない。

フィリピンには約七千の島がある。そのうち、名前のついている島は約二千八百で、あとは無名の小島やサンゴ礁である。国土の総面積は日本よりもややせまいが、イギリスよりはひろい。約四千七百万の人口のほとんどは十一のおおきな島に集中していて、南北にのびる諸島のうち北端のルソン島と南端のミンダナオ島の二島に人口の六五パーセントが居住している。

この島々に最初にやってきたのは、ネグリート系の狩猟採集民で、東南アジアにおけるもっとも古い生活様式を残す人びとである。現在、彼らの人口は一万五千以下で、いくつかの島々の奥地に住んでいる。その後、民族学的にはプロト・マレーとよばれる人びとやインドネシア系の人びとなどのグループが、東南アジアの大陸部やインドネシア方面から何度も繰りかえされた民族移動によって、この島々の世界に住みついた。

フィリピンの農耕文化の古層には、タロイモやバナナを栽培する根栽の文化があり、そのうえに陸稲やアワ、モロコシなどの雑穀を栽培する焼畑農業の文化がかさなり、さらに水田での稲作がやってきたものと考えられる。

十六世紀のはじめにスペイン人がこの島々の世界にやってきた当時、フィリピンには狩猟採集と焼畑耕作と水田稲作という生活様式を異にする人びとや、移住してきた祖先の地のちがいにもとづく言語のちがう人びと、さらにインドネシアから北上してきたイスラーム文化を受容した人びと、部族の伝統的宗教を信じる人びとなどがそれぞれに生活していた。伝統的な文化を異にするさまざまな地域的集団を統一する国家というものは、できていなかったのである。

一般に前近代社会では、食事文化に宮廷のはたした役割はおおきい。国内のさまざまな産物が中央政権のもとに集められ、宮廷での専門の料理人が洗練された料理をつくりだしてきたのである。他の東南アジア諸国では、さまざまな王朝が特色ある伝統的食事文化をつくりあげたのにたいして、国家形成というものがなされなかったフィリピンでは、そのような宮廷料理は生まれなかった。

主食の米と豊かな魚の利用

他の東南アジア諸国とおなじように、フィリピンでも、食事というものは米飯とおかずの二種類から構成されるものであるという通念がある。米のない食事では食べた気にならず、サンドイッチでは腹がふくれた感じがしないというフィリピンの知識人もいる(1)。

ビサヤ諸島のなかのセブ島とボホル島は、雨量がすくないので稲作はあまりおこなわれず、トウモロコシが主食作物として栽培されている。ここでは、トウモロコシを真っ白に精白して米粒くらいのおおきさに砕いたものを、米とおなじようにして炊きあげる。一見したところ米飯と見まがうような外観で、温かなうちは結構うまい。米がとれないところで、なんとか米飯に近いものをつくりだそうとする努力の産物であろう。

肉ではブタが最上とされ、ついでニワトリ、アヒルの順に賞味される。現在では禁止されているが、イヌの肉も食べられる。しかし、農民にとっては、肉を食べるのは行事のさいくらいにかぎられる。

海岸線の長さがアメリカ合衆国の二倍におよぶこの国での、もっとも重要な副食物は魚である。フィリピン人の食事の基本は、米の主食と魚のおかずなのである。魚は焼いたり、煮たり、揚げたりして食べるが、漁港近くの人びとは鮮魚で食べる。しかし、冷凍設備や流通手段が完備していないので、消費される魚の九〇パーセントは塩干魚に加工したものである。

他の東南アジア諸国のように香辛料をきかせた料理は、フィリピンにはない。そこで、他の東南アジア諸国からやってきた者は、フィリピン料理の味は物足りないと不平をこぼす。しかし、スパイス料理に慣れない日本人にとっては、魚を主体にしたおかずがおおいこと、スープ状の汁気のおおい料理であることと相まって、香辛料がすくなくマイルドなフィリピンの味は舌に親しみやすい。香辛料を多用する東南アジア諸国の料理法は、インド文化の影響であると考えられる。フィリピンが東南アジアのなかでインドからもっとも遠い場所に位置していることが、香辛料が発達しなかった原因ではないかと推定される(2)。

調味料では、華僑によってもたらされたトヨ toyo とよばれる中国醤油も街では使用されるが、北部の島々でのもっとも重要な調味料は、パティス patis という魚醬油である。雑魚をつぶしたものや小エビ三にたいして、一の比率で塩を混ぜたものを、おおきな桶にいれて貯蔵し、塩辛にする。この塩辛の上澄み液がパティスである。上質のパティスは、一年から二年置いて熟成させる。これを瓶詰にしたものが市販されているが、日本のしょっつる、ヴェトナムのニョク・マム、タイのナム・プラーなどと同系統の調味料である。塩辛をペースト状に加工したものは、バゴーンという調味料である。

さらに、フィリピン料理には、サウサワン sawsawan という種々のつけ汁が添えられる。中国醬油のトヨに、ニッパヤシの樹液を発酵させてつくった酢をくわえ、つぶしたニンニクを混ぜたサウサワンは、ローストポークに添えられる。またバゴーンにカラマンシ kalamansi とよばれるちいさなレモン（日本のスダチに似たミカン科の果物で、中国南部かフィリピンが原産といわれる）のしぼり汁を混ぜたつけ汁は、焼き魚に合う。このように料理に応じたつけ汁の入った小皿が食卓に添えられている。日本の二杯酢、三杯酢などに醬油がつかわれるのとおなじように、パティスはサウサワンの主役としてつかわれる。

スペインおよび中国文化の影響

十六世紀から十九世紀末まで、フィリピンはスペインの植民地であった。この間に、カトリックの布教を背景とする同化政策が進行し、イスパノ・フィリピノ文化（スペインとフィリピンの合成文化）とでもいうものが成立して、ことなる文化系統をもっていた種族のうえにかぶさっていった。その結果、椅子、テーブルで食事をする風習や、カトリックの行事にともなう行事食をとる習慣が成立したばかりではなく、料理技術そのものもスペインからの影響をつよくうけることになったのである。

スペイン料理がそのままとりいれられたわけではない。熱帯のこの国で得やすい材料に応じて、またフィリピン人の味の好みに応じて、変形されている。そこで、料理名はスペイン風であるが、内容はスペイン料理ではなく、フィリピン料理としたほうがよいものがおおい。たとえば、教会から帰ってから食べる日曜日の昼食は、一週間のうちでいちばんのごちそうで、アロス・ア・ラ・バレンシアーナ arroz a la valenciana がよくつくられる。これは、スペインの有名な炊き込みご飯であるパエーリャ・バレンシアーナ paella valenciana の変形である。スペインでは、鶏肉、ブタ肉、ソーセージとカニ、貝、イカなどをいれ、オリーヴ油をつかい、色づけにはトマト、サフランをもちいるのが常法である。しかし、フィリピン料理化したものでは、魚介類はつかわず、オリーヴ油のかわりに普通の植物油がもちいられる。そして、ココナツミルクをいれてご飯を炊き、サフランのかわりにターメリックがよくつかわれる。

古来、中国商人は交易にフィリピンの島々を訪れていたが、スペイン統治時代に華僑としての本格的な移民がおこなわれるようになった。中国の食べ物でフィリピン化したものの数はおおい。フィリピン風に変形された麵類料理や春巻きは、ごく日常の食べ物なのである。

また、エスカベッチェ escabeche というとスペインでは魚のから揚げを酢でマリネードしたものであるが、フィリピンでエスカベッセ eskabetse とよばれる料理は、魚のから揚げを甘酢あんかけにした中国風の料理のことで、甘酢あんをうえからかけるだけでなく、甘酢あんで煮込むこともある。付け合わせ野菜に細く削った青パパイヤなどをつかうこともある。中国料理にスペイン料理の名称がつけられ、手近な野菜をくわえているところなど、フィリピンの歴史をよくものがたる料理といえよう。

フィリピンの食物史の研究者の話では、このようなスペイン料理、中国料理が一般のフィリピン人の家庭に浸透したのは十九世紀のことであり、十九世紀はフィリピン人の食生活が変革される時期にあたっているそうである。

スペイン人は征服者としてやってきたので、スペイン風の料理はまず上層のエリートのフィリピン人の家庭からうけいれられた歴史をもつ。フィリピン人は祭り好きで、フィエスタとよばれるさまざまな祭りの行事があるが、そのときにはごちそうを食べる。カトリックの浸透したフィリピンでは、復活祭、クリスマス、守護聖人の祭りなどを盛大に祝うが、スペイン風の料理はフィエスタのごちそうの主流となっている。そのほか各地で収穫祭、村祭りなどさまざまなフィエスタが催され、このような祭りに欠かせないのが、ブタを炭火でこんがりと丸焼きにしたレチョン lechon である。かつては、この飴色に焼けた皮を素手で上手にはがして食べられるかどうかで、主客のマナーが判定されたという。

スペイン料理が上層の人びとにうけいれられたのにたいして、中国人は商人としてやってきたので、中国料理は庶民の家庭からとりいれられた。露店や街角のスナックなどには、中国料理の系統のものがおおい。もちろん立派な中国レストランもある。

アメリカの統治と現代化

フィリピンは、一八九八年から第二次大戦にいたるまでアメリカの統治領となった。アメリカの料理は、スペイン、中国ほどの影響はあたえなかったが、マヨネーズをつかったジャガイモと鶏肉のサラダや豆料理などを普及させた。独立後の現在でも、フィリピン人にとってアメリカはいちばん親しみがもてる国であり、アメリカの流行はマニラにすぐ伝えられる。セルフサーヴィスのファストフードの店や、ハンバーガー店、ピッツァ店などがマニラでは繁盛しているし、コーラ系の飲み物や瓶詰の清涼飲料水は、街に住むフィリピン人にとって欠かせぬものとなっている。

他方、フィリピン料理はもともと家庭で食べるもので、街での上等のレストランといえば、ナイフ、フォーク、スプーンで食べる洋風の料理か、中国料理店にかぎられていた。ところが、一九七〇年代からの民族主義の高揚にともない、現在ではフィリピン料理を供するレストランが急増しつつある。街の生活では、家庭においても手づかみで食べることをしないようになりつつあるが、フィリピン文化の見直しとともに、手づかみで食事をすることをすすめる高級レストランもおおくなってきた。

注（1）　米はフィリピン人の主食であると同時に、麺や菓子づくりなどさまざまな形で利用される。たとえばプトという菓子は、水に浸したもち米に香りづけ用のタコノキの葉をくわえ、回転式の石臼で碾《ひ》いて粢《しとぎ》をつくり、粢に砂糖とベーキングパウダーを混ぜたものを缶詰の空き缶などに詰めて、蒸

し器で蒸してつくる。

（2）　世界でもっとも完全なコニーデ型の火山といわれるマヨン火山のあるルソン島最南部のビコール地方には、ふんだんにある海の幸とココナツをつかったビコール料理がある。トウガラシをたっぷりもちいるのも特徴である。小指の爪の半分くらいのおおきさだが猛烈に辛いトウガラシを酢漬けにしたものが、この地方の市場に並び、これがないと食事をした気分になれないとさえいう。しかし、一般のフィリピン料理では、新大陸原産のトウガラシを多用することはないし、熱帯アジア原産の香辛料もあまり使用しない。

シンガポールのニョニャ料理

シンガポールは食いしん坊の天国である。世界各地からの食料品が集まり、世界各国の料理を楽しめる都市である。だが、なんといっても、シンガポールの食べ物を代表するものは、この国の民族構成を反映する中国料理、マレー料理、インド料理である。これらの料理を本国と比較して、正統的な味であるかどうかを批評するのは、当を得たことではない。それは、この国の風土や多民族国家における人びとの嗜好に合わせながら発展してきたシンガポール風中国料理、シンガポール風マレー料理、シンガポール風インド料理として味わうべきものである。

とはいいながらも、シンガポールの中国系の人びとは香港や中国本土の中国料理には一目置かざるをえないし、マレー系やインド系の人びとも、それぞれの本国での料理のほうが格調のたかいものであると感じているようなところがある。歴史のあたらしい国としては無理からぬことである。

ニョニャとは

それではシンガポールの伝統的な味を代表する料理は何かと問われたときに、人びとの答えにあがる名前はニョニャ料理である。東南アジアに長く在住した人びとにとっても、ニョニャ料理の名は耳あたらしい。それは、ながいあいだストレート・ボーン・チャイニーズ（海峡植民地生まれの中国人）の家庭でしか味わうことができない料理であったのだ。この数年のあいだにシンガポールやマレーシアのクアラルンプールで、ニョニャ料理を食べさせるレストランができるようになって、ようやく知られるようになった料理である。だが、近代のマレー料理やインドネシア料理に中国料理がつよい影響をあたえてきた歴史を考えるとき、その源流をなすニョニャ料理を無視することはできない。

ニョニャ料理の歴史はストレート・ボーン・チャイニーズとよばれる人びとの歴史

でもある。

マレー半島における中国人の本格的な居留地はマラッカにはじまる。十七世紀初頭のマラッカ在住の中国人たちは中国茶を飲用していたという記録が残っている。一七八六年ペナンが、一八一九年シンガポールが英国によって貿易港にされるとともに、マラッカや中国本土から中国人がこれらの港に移住していった。マラッカ、ペナン、シンガポールは第二次大戦まで、英国の海峡植民地であった。この海峡植民地へ初期に移住した中国系の子孫たちがストレート・ボーン・チャイニーズであって、すくなくとも現在から五～六世代前に移住した人びとを指し、人口の大半を占める新客sinkehといわれる比較的あたらしい時代になってからの中国系移民と区別される。

一八九〇年代初頭のシンガポールでは、九人の中国人男性にたいして一人の中国人女性しかいなかったといわれる。そこで初期の移住者たちはマレー人の女性と結婚することがおおかった。後に中国からの移民がおおくなると、その子孫たちは中国人どうしで結婚することが普通になったが、その家庭内での言語、習慣、食物には、マレーと中国の混合した文化が伝承された。マレー風のサロン（腰布）をまとったストレート・ボーン・チャイニーズの主婦はマレー語で「奥様」の意味を表すニョニャnonyaといわれ、このような主婦がつくる中国とマレーの混合した料理がニョニャ料理とよばれたのである。海峡植民地が開かれた初期から商業に従事してきたストレート・ボーン・チャイニーズたちには、経済力が豊かな人びとがおおく、その家庭で供されるニョニャ料理はどちらかというと格式のたかいものとされている。

中国風の材料とマレー風の料理技術

ニョニャ料理の基調をなすのは中国料理とマレー料理であるが、インドネシア料理やタイ料理もとりいれている。たとえば、コリアンダーの葉やレモングラスの葉を香りづけに使用するのは、タイに近いペナンの中国人がもたらした風習かもしれない。

マレー人のほとんどはイスラーム教徒でブタを食用としないのにたいして、移住してきた中国人たちは宗教を変えることはなかったので、ニョニャ料理ではブタをよく使用する。マレー半島やインドネシアで名物料理とされる肉の串焼きであるサテ satay は、ヤギやニワトリの肉を使用するのにたいして、ニョニャ料理ではサテ・バビ satay babi とよぶブタ肉のサテがつくられる。魚の浮袋、干しシイタケ、醤油、タウチョ taucho （豆鼓《ドウチイ》）などの中国食品はよく使用される。

いっぽう、マレー的要素としては、おおくの料理にココナツミルクをつかうこと、ココヤシの油をつかうこと、酢のかわりにタマリンドの果肉部分を水にもみだした溶液や柑橘類をつかうこと、ブラチャンという小エビを原料としたペースト状の魚醤を調味料としてつかうこと、東南アジア的な香辛料を多用すること、などである。トウガラシ、ウコン（鬱金）、コウリョウキョウ、ニンニク、ショウガ、タコノキの葉、柑橘類の葉、ブラチャンなどを小型の石臼でつぶしてペースト状にしたルンパ rempah は、マレー半島やインドネシアの料理独特の香りをつくるものであるが、ニョニャ料理にも欠かすことができない。中国料理の材料をつかいながらも、ココナツミルクと香辛料の重厚な味と香りをもつ料理に仕立てあげているのが、ニョニャ料理の味覚である。それは、中国料理でもマレー料理でもない、第三の料理とでもいうべきものである。

中国の材料をマレー風に変形したことによって、ニョニャ料理はストレート・ボーン・チャイニーズの枠を超えて、一般のマレー人のあいだにもひろがっていった。たとえば、ラクサ laksa という麵料理は現在ではマレー料理となっているが、麵を食べる習慣は初期の中国人移住者から伝播したものであろう。ラクサは、米でつくった麵にココナツミルクとルンパの味のするスープをかけた料理である。ポ・ピア poh piah もニョニャ料理に起源をもちながら、シンガポール、マレー半島の民衆にとりいれられた料理であり、それは小麦粉製の薄餅《バオビン》のかわりに、薄焼き卵を皮として、さまざまな具をくるんで食べる春巻きの変形とでもいうべき料理である。

料理法ばかりではなく、食物に関するマレー人の習慣も、ストレート・ボーン・チャイニーズのあいだにとりいれられている。マレー半島やインドネシアでは、黄色に染めた食物が行事食に好まれるが、ウコンで黄色に染めた米飯であるナシ・クニットnasi kunyit は、赤ん坊の生まれた家族にたいする贈り物とされる。おやつには中国茶ではなく、マレー流にコーヒーが供され、甘いニョニャ・ケーキ nonya cake が食べられる。

近ごろまで、家庭外でニョニャ料理の食事を味わうことはできなかったが、ニョニャ料理でつくる菓子類は早くから菓子屋の店頭に並べられ、ストレート・ボーン・チャイニーズ以外の人びとにも親しまれてきた。米の粉とココナツミルク、グラ・メラカ gula melaka とよばれるヤシからつくった独特の香りのする砂糖を使用し、さまざまな色づけをしてつくった蒸し菓子系のものがおおいが、寒天をつかったもの、サゴヤシのでんぷんを粒状に加工したものをつかったものなど、その種類はおおく、いずれも見た目が美しい。

たとえば、エス・カチャン es kacang というのは、米粉を豆状に固めたものに、甘く味つけしたココナツミルクをかけ、そのうえにかき氷をのせた菓子であり、サゴ・グラ・メラカ sago gula melaka というのは、サゴヤシかマニオクのでんぷんでつくったプディングにヤシ砂糖のシロップとココナツミルクをかけたものである。

菓子類はニョニャ料理の華である。現在のマレーの菓子にはニョニャ料理に起源するものがおおいようである。

〔付記〕

シンガポールのあるホテルの名物となっているニョニャ料理のランチのメニューを紹介してみよう。ニワトリのから揚げであるアヤム・ゴレン ayam goreng、それに、サツマイモに似た植物の葉を炒めたゴレン・カン＝コン goreng kang-kong と、マレー風のピクルスであるアチャール achar と、イカを香辛料とココナツミルクで煮たサンバル・ソトン・メラカ sambal sotong melaka を盛り合わせたもの、それに、豚足をダイコンとともにスープ煮にしてはるさめをくわえたクア・ロバック kua lobak が、白飯を添えて供される。

その他、代表的なニョニャ料理のひとつであるオタ＝オタ otak-otak は、魚肉を細かくミンチしたものに、ターメリック、トウガラシ、コウリョウキョウなどの香辛料と、ペースト状の魚醤であるブラチャンを石臼でつぶしたもの、タマネギのみじん切り、卵、塩、砂糖、グルタミン酸ナトリウムなどをくわえてココナツミルクであえ、このすり身状の魚肉をバナナの葉で包んで炭火で焼いた料理である。

エ・ピョウ ee piow というニョニャ料理は、魚の浮袋を戻したものやタカナの漬物、ブタ肉、魚のすり身をスープ煮にしたものである。魚の浮袋、タカナの漬物、ブタ肉は中国系の食品である。

マレーシアの食生活

マレーシアは多民族国家である。約千八百万人の国民の四七パーセントがマレー人で、三四パーセントが中国系、九パーセントがインド系である。国土は、西マレーシアとよばれるマレー半島部と、東マレーシアといわれるボルネオ島北部に二分されている。東マレーシアにはマレー人のほかイバン族、ケンヤー族などの少数民族と中国系の人びとが居住しているが、インド系の住民はほとんどいないし、未開発の森林でおおわれ、西マレーシアにくらべて人口密度もいちじるしく低い。ここでは西マレーシアについてのべることにする。

マレー、中国、インド系住民の複合社会

マレー人のおおくは、中部スマトラのミナンカバウを祖先の地とする。十二世紀以来、マラッカ海峡を越えて絶えざる移民が繰りかえされ、この半島にマレー人が住みつくようになった。そこで、マレー料理の中核は、スマトラ料理をひきついだものとなっている。マレー半島の北部は十三世紀以来南下するタイ族の征服を何度も経験しており、タイ料理の影響をうけ、南部のインドネシア風の乾いた料理にくらべると、スープ煮など汁気がおおい料理となっている。

シンガポールが建設されるまでは、マラッカが東南アジアにおける国際貿易の拠点であった。マラッカをポルトガル人が支配していたのは一五一一～一六四一年のことであるが、現在でもマラッカ近郊には少数のポルトガル人の子孫たちがのこっている。彼らの日常生活はマレー化しているが、宗教はカトリックであり、イスラーム教徒のマレー人とちがってブタも食用にする。その料理は、現在ではマレー料理に近いものとなっているが、卵と小麦粉でつくった衣に魚やイカをつけて揚げる一種のてんぷらなどポルトガル風の料理をのこしている。

マラッカには古くから中国人街ができていたが、その住民の一部は、十九世紀の半ばごろにシンガポールとペナン島が港町として繁栄しはじめると、そこに移住する。このような数世代も前に本国を離れてマレー半島にやってきた中国人たち、ストレート・ボーン・チャイニーズ（海峡植民地生まれの中国人）は、マレー人に同化し、ココナツミルクをよくつかうマレー化した中国料理をつくり、箸をもちいずに手で食べる。これをニョニャ料理というが、それについてはシンガポールの項で触れた。

現在、マレーシアに居住する中国人のおおくは、一八三〇〜一九三〇年のあいだに華僑として移民してきた人びとの子孫であり、都市に住みつき、商業に従事する者がおおい。そのほとんどは福建省と広東省の出身者であり、客家人《ハッカ》もおおい。そこで、マレーシアの中国料理は福建料理、広東料理、客家料理が普通であり、華南の人びとなので米を主食とする。これらのあたらしくやってきた中国系移民の料理は、基本的には本国での料理とそれほど変わらない。中国人街に行けば、露店で油条《ヨウティヤオ》を揚げて売っていたりする。油条とは小麦粉に天然イーストや塩、水などを混ぜて練った生地を棒状にして油で揚げたもので、これをちぎって中国粥《かゆ》にのせて食べたり、そのままパンのように食べたりする。

彼らはストレート・ボーン・チャイニーズとはちがって箸を使用する。マレーシアの中国人には仏教徒がおおく、中国暦の一日と十五日は肉、魚、卵を食べずに精進料理を守る家庭もすくなくない。

インド洋を隔てて、南インドとの交渉も古い歴史をもっているが、インド人が本格的に西マレーシアに移民するようになったのは、ゴム産業がさかんになった一九〇〇年ころ、おなじイギリス統治下にあったインドから、ゴムのプランテーションの労働者として連れられてきてからである。タミル人、テルグ人など南インドの出身者がおおく、彼らは米を主食としていた。北インドやパキスタンからの移住者もあり、この人びとはレンズマメの料理（ダール）やチャパーティー、あるいは薄焼きのパンであるローティーのような小麦粉食品を好む。

マレー人、中国人は家畜の乳を利用する習慣がなかったが、インド人は乳製品、とくにヨーグルトを食べる習慣をもちこんだ。南インドの出身者は、プレーン・ヨーグルトを水で割って塩をいれたものを愛飲する。イスラーム教徒のインド人もおおいが、ヒンドゥー教徒、シーク教徒もおり、それぞれに食習慣がことなる。

本国では、カーストの原理によって、上位のカーストの者は下位のカーストの者がつくった料理を食べられないので、料理人は最上位のカーストであるブラーマンがなるのが通例であるが、マレーシアに移民してきた人びとのあいだではカースト制がくずれ、街のインド料理店でも料理人の出身を問うことはしない。

宗教のちがいによる食習慣の差

お客のほとんどがイスラーム教徒であるマレー料理店、おなじくイスラーム教徒のインド料理店、ヒンドゥー教徒のなかでも菜食主義を守る人びとのためのヴェジタリアン・レストラン、仏教徒の中国料理店……。この多民族国家では、民族の種類や宗教上の食生活のちがいを反映して、街の料理店の種類もおおい。

マレー料理、インド料理の別をこえて、イスラーム教徒には共通の、食物に関する宗教上の制約がある。ラマダンという断食月の昼間は飲食をしてはいけない、といったイスラーム教の行事に関する食習慣があるほか、食物に関するタブーも共通している。

イスラーム教によって禁じられた食物をハラム haram という。ブタ肉の食用が禁じられるのはもちろん、異教徒が殺した肉、中国人が好むカエル、アヒルのような水陸両生動物、トラ、クマ、ワシ、サメのような肉食をする動物、ヘビ、トカゲなどの地をはう動物もハラムであるし、飲酒も原則として禁じられている。厳重に食用を禁止してはいないが、非難されるべき食物として、カニなどの甲殻類がある。

それにたいして、イスラーム教徒が合法的に食べられる食物をハラル halal という。おおきな市場には、ハラル食品のコーナーが設けられているし、近年都市に増加しつつあるスーパーマーケットでは、ハラル食品の包装に新月と星を組み合わせたイスラームのマークが緑色で印刷されている。

この多民族国家では、会食のさいには出席する人びとの宗教を調べておかねばならない。イスラーム教徒が出入りできるのは、ハラル食品を供するマレー料理店かイスラーム教徒のインド人の行くインド料理店にかぎられる。

いっぽう、ヒンドゥー教徒、シーク教徒にはウシの食用が禁じられているので、マレー料理で好まれるウシやスイギュウの献立を供してはいけないし、金曜日は精進を守る日なので、ヴェジタリアン・レストランにともなわなくてはならない。仏教徒の中国人も、牛肉はあまり好まない。

食物タブーのゆるやかな中国人は、理論上は、マレー料理やインド料理も食べられるのだが、実際には、味の好みの問題ばかりではなく、箸をつかう習慣などからも、もっぱら中国料理店へかよってしまう。多民族国家では、人を食事に誘うにも気をつかうことである。

インドネシアの食生活

約三千の島々から構成されるインドネシアは、風土や文化の多様性に富む国である。ジャワ島やバリ島のように水田の発達した島々もあれば、カリマンタン島（ボルネオ島）やスラウェシ島（セレベス島）の内陸部のようにもっぱらジャングルでの焼畑耕作に依存する農業地域もある。モルッカ諸島（マルク諸島）には、イネよりも、サゴヤシのでんぷんを採集したり、タロイモ、バナナなどを重要な主食作物として栽培する島々もある。

国民の九〇パーセントはイスラーム教徒だが、バリ島民はヒンドゥー教徒だし、キリスト教徒のおおい地方もある。宗教のちがいは、食生活の慣習に反映される。たとえばイスラーム教徒はブタを食べることをしないし、ラマダンとよばれる断食月には、日中は食べ物、飲み物を口にしてはならず、夜間のみ飲食をすることを許されるのである。

インドネシアの国民は、言語や伝統文化のちがうさまざまな種族から構成されている。歴史的にいちばん文化の平均化が進行したジャワ島でさえも、住民はジャワ人、スンダ人、マドゥラ人などといったことなるグループにわかれ、特色あるジャワ料理、スンダ料理、マドゥラ料理をつくりあげてきた。

こうしてみると、インドネシア料理とかインドネシア人の食生活というものを、ひとつの類型に押しこめることはとうてい不可能だ、ということになる。地方によってことなる、多様な食生活を営んでいるのである。

米のさまざまな食べ方

インドネシアの人口分布はきわめて不均衡である。開発が進んで人口密度のたかい島と、ジャングルにおおわれた未開発の島にわかれる。人口が集中するのは、スマトラ島西部、ジャワ島、バリ島、ロンボク島などの肥沃な地帯である。そこは水田耕作のさかんな場所である。

インドネシアの米は、ブルbuluとチェレcerehの二種類に大別される。米をインディカ種（いわゆる外米）とジャポニカ種（日本米）に分類した場合、ブルはジャポニカ種に近いものであり、バリ島、ジャワ島、スラウェシ島中南部などで主として栽培される。チェレはインディカ種の米であり、バリ島をのぞくいたるところで栽培されている。ジャワ島では、ブル、チェレの両方が重要な米としてもちいられている。

ジャワ島には、銅でつくった腰のくびれたダン＝ダンdang-dangとよぶ深鍋に、竹で編んだ円錐形の籠のククサーンkukusanをのせ、土器製の蓋をかぶせる蒸し器がある。米を大量の水と一緒に強火で半煮えにしたあと、ククサーンにあけて水気を切ったのち、あらためて蒸しあげるのである。現在では、鍋の部分と籠の部分とが一緒になったアルミ製の蒸し器もつかわれるが、深鍋をもちいて日本の飯炊きと同じ方法（炊き干し法）で米を炊くのが一般化しつつある。

直訳すれば「白い飯」という意味であるナシ・プティnasi putihが日常に食べられる飯であり、それは米を水だけで炊いたものである。

ごちそうのさいの飯には、ココナツミルク（ココヤシの実の胚乳をすりおろして、水に溶かしこんだ白濁した液体で、脂肪分に富み甘みがある）で炊いた飯をよく食べる。ナシ・ウドゥクnasi udukとは、パンダヌスの葉（香りづけにもちいられる）、クミン、シナモンなどのスパイスと塩をいれ、ココナツミルクで炊いた飯である。ナシ・クニンnasi kuningとは、直訳すると「黄色い飯」で、ウコン（ターメリック）とスパイス類、塩をいれて、ココナツミルクで炊いた飯である。ウコンで黄色く色づいたナシ・クニンは、行事のさいの食事に欠かせない。このうえにゆで卵、スイギュウの肉を煮たもの、肉でんぶ、コロッケ状の食品、キュウリ、錦糸卵などのおかずをのせて食べる。

イスラーム教徒は、断食月のおわったあとの祭りの日には、洗った米をバナナの葉で円筒形に巻いて蒸しあげたロントン lontong を食べる。

日本のどんぶり物のように、ナシ・プティのうえにさまざまな副食物をのせた料理がスナックとして好まれる。その一種のナシ・ラムス nasi rames は、ナシ・プティを皿あるいはバナナの葉に盛り、そのうえに肉、野菜、テンペを揚げたもの、ニワトリのカレー煮など数種類のおかずをのせた料理である。

冷や飯にさまざまな具やスパイスを混ぜて炒めたインドネシア風の焼き飯は、ナシ・ゴレン nasi goreng とよばれる。

米は文字どおりの主食であり、ほとんどのインドネシアの人びとが、できるなら毎食ごとに米の飯を食べたいと願っている。しかし、ジャワ島の稲作地帯でも、農民は収穫した米を売ってしまったあと自家用飯米が足りなくなり、端境期には、トウモロコシ、マニオクなどの代用食でしのがねばならないことがある。

調味料と食品

インドネシアはダイズの産地である。ジャワ島では、ダイズを煮てから室《むろ》にいれて菌を発酵させた、日本の納豆に似たテンペ tempe がつくられる。日本の納豆のように糸を引くことはないが、白い菌糸におおわれて納豆に似た外観をしめす。テンペはふつう味つけをしてから、油で揚げて食べるが、これはテンペ・ゴレン tempe goreng とよばれている。ダイズのモヤシは、ガド＝ガド gado-gado とよばれるサラダに欠かせない。このサラダには、ピーナツのペーストの味のするドレッシングをかけて食べる。街なかではタフ tahu とよぶ豆腐をよく食べるが、これは華僑から伝えられた食品である。厚揚げ豆腐はタフ・ゴレン tahu goreng という。

中国系の調味料としては、浜納豆に似たタオチョ taocho（豆鼓《ドウチィ》に由来）や、ケチャップ・マニス kecap manis という甘い醬油、ケチャップ・アシン kecap asin という塩辛い醬油があるが、これらダイズを発酵させた調味料は、ジャワ島やバリ島を中心とする都市で使用されるものであり、辺境地帯の島々にまでは普及していない。グルタミン酸ナトリウムの化学調味料（うま味調味料）は全国いたるところで使用されている。

醸造酢の使用は一般的ではなく、柑橘類のしぼり汁か、タマリンドの実を水のなかでもんでつくった酸っぱい液体を酸味としてもちいる。

ジャワ島で発達した調味料にトラシ terasi がある。小エビに大量の塩を混ぜてつくった塩辛を搗き砕き、ペースト状にして乾燥させたもので、マレー半島のブラチャンとおなじものである。独特の臭みがあるが、少量を隠し味として使用すると料理に深みがくわわる。トラシは、のちにのべるサンバルにくわえられることがおおい。東部ジャワでは、小エビや魚の煮汁を濃縮したプティス petis というエキスが、料理にうま味をくわえるものとしてつかわれる。これは日本のカツオブシ製造過程でできる「煎《せん》じ」に似ている。

もっともよくつかわれる食用油はヤシ油である。家庭でヤシ油をつくるさいには、ココナツミルクを煮詰めて、うえにうきあがった油をすくう。

インドネシアは香辛料の生産国でもあるので、ほとんどの料理になんらかのスパイスかハーブがつかわれている。香辛料の使用法の基本は、ちいさな石臼のなかで香辛料をすりつぶし、それにタマネギやニンニク、トマトなどの調味野菜のすりつぶしたものと塩とをくわえて、スパイスをミックスさせたペーストにすることである。トウガラシをおもな香辛料としてつかったこのようなペーストを、サンバル sambal（サンブル sambel）という。サンバルは料理の薬味として、生のままつかわれる。また、肉、魚、野菜などをサンバルとともに油で炒めたあと、ココナツミルクをくわえて煮たサンバル・ゴレン sambal goreng もよくつくられる。

家畜の肉のなかでいちばん好まれるのはヤギであり、また、スイギュウやウシも食べられる。ヒンドゥー教徒のバリ島民や、キリスト教徒であるスマトラのバタック族などは、ブタをさかんに食べる。しかし、農村では哺乳類の家畜を殺して食べる機会は行事のさいにかぎられる。日常的に食べる肉はニワトリとアヒルである。

海岸線の長いこの国では漁業がさかんで、淡水魚の養殖もおこなわれている。魚は塩干魚に加工されることがおおい。一九六四年の統計によれば、ジャワ島、マドゥラ島では年間一人あたり二・六キロの鮮魚を消費するのにたいし、塩干魚の消費量は三・一キロとなっている。鮮魚、塩干魚ともに、から揚げにして料理するのが普通である。

熱帯に位置しても、ジャワ島の高原部ではキャベツ、ジャガイモなどの生産がおこなわれるが、普通の農村では蔬菜《そさい》栽培はあまりさかんではない。根茎が主食とされるマニオクの葉の部分を料理したり、果実として家の周りに植えているパパイヤの葉も野菜がわりに利用するし、タケノコもよく食べる。

食習慣と食事作法

街の人びとは午前中に市場へ買い物に行き、昼食にいちばん料理の品数のおおいごちそうをつくる。官庁、会社、学校などは午後二時におわることがおおいので、帰宅後昼食をとり、夕方涼しくなるまで昼寝や休息をとる。

朝食は、バナナやマニオクを揚げたものに砂糖をつけて食べたり、ナシ・ゴレンに目玉焼きですませたり、といった程度の軽い食事である。朝食のさいには、紅茶やコーヒーを飲む。

オランダ植民地時代にチャ、コーヒーがプランテーション作物として導入されたが、生産物はほとんど輸出されてしまい、紅茶やコーヒーを常用する習慣はなかなか普及しなかった。紅茶、コーヒーともに多量の砂糖を溶かし、あめ湯のように甘くしてガラスのコップにいれて供する。コーヒーはおりをこすことをせずコップに注ぎ、底のほうに粉末が沈殿するのを待ってから飲む。

暑い気候をしのぐためか、さまざまな色をつけて香料をくわえた甘い飲み物やジュース類に氷をいれたものが好まれ、人の集まる場所では飲み物売りの店が目立つ。

イスラーム教徒がおおいので飲酒はさかんとはいえないが、実際にはイスラーム教徒のあいだでも禁酒の戒律が常に厳しく守られるわけでもないし、非イスラーム教徒もいるので国産のビールが売られている。また、ジャワ島では、中国系の人びとがつくる米の焼酎チウ ciu が飲まれるし、田舎や辺境の島々ではヤシ酒もつくられる。

ヤシ酒は、ヤシ科植物の樹液を自然発酵させてつくる。発酵があまり進まず清涼飲料水として飲むものをレンゲン lengen とよび、アルコール発酵をして酒になったものをトゥアク tuak という。最近ではレンゲンを瓶詰にしたものが売られている。イスラーム教徒でも、トゥアクの愛好者はおおい。市場では竹筒にいれたトゥアクをコップについで売っている。

街には食べ物売りの行商がおおく、そのよび声や鳴り物の音で売る食べ物の種類がちがう。人びとは夕方、天秤《てんびん》の荷につけた鈴の音でサテ売りが来たことを知り、庭先でサテを焼かせたりする。サテ sate とは、ヤギやニワトリの肉を串焼きにし、たれをつけて食べるインドネシア風の焼きとりのことである。

現在の食卓は椅子、テーブル式である。基本的な食器は皿で、米飯が一人前ずつ皿に盛られて供される。共通の皿に盛られたおかずも、いったん自分の皿の飯のうえにのせてから食べる。スープ類も、米飯のうえにかけて食べる。クルプック・ウダン krupuk udang という、かりっとした歯ごたえに油揚げしたエビ煎餅を、飯と一緒に食べることが好まれる。そこで、飯を盛った皿には何種類かのおかずやクルプック・ウダンがのせられ、さらにスープがかけられたりする。スープの味のしみこんだ飯とおかずを混ぜて、ひと口分ずつ指でつまんで食べる。

街の飲食店で食べるときには、スプーンとフォークが供される。左手のフォークでおかずと飯をかき寄せて、右手のスプーンにのせて口に運ぶのである。

モルッカ諸島の食事

モルッカ諸島（マルク諸島）は、東西に連なるインドネシアの島々の東のはずれに位置する。赤道をはさんで南北に点在するこのちいさな一群の島々にまで足をのばす観光客はなく、森林の木材をのぞいては特別な資源もないので開発も進まず、インドネシアのなかでも僻地となっている。

だが、過去においては、この忘れられた島々が世界史を揺り動かしたことがある。中世には、すでに中国、アラビア、インド、ジャワの船がこの島々と定期的な交易をおこなっていた。ヨーロッパの大航海時代は、モルッカ諸島にたどりつくことを目標としてはじまったものである。十六〜十七世紀、アジアに進出したポルトガル、スペイン、イギリス、オランダは、スラウェシ（セレベス）やボルネオのようなおおきな島には目もくれずに、このちいさな島々の領有権をめぐって戦争をしたのだ。

それは、スパイスの貿易の独占権をめぐる闘争であった。西欧世界で珍重された四大スパイスといえば、コショウ（胡椒）、シナモン（肉桂）——ただし実際におおく使用されたのは、おなじような香りのするケイヒ（桂皮）——、チョウジ（丁子、クローヴ）、ニクズク（肉豆蔻）であるが、モルッカ諸島はそのうちのチョウジとニクズクの産地であった。そこで別名を香料諸島とよばれたのである。

オランダが香料貿易を独占

香料諸島のことだから、この地方ではスパイスをふんだんにつかった料理が発達しているかと思ったら、意外なことにチョウジやニクズクをつかった料理をつくるのは、モルッカ諸島のふたつの中心地であるアンボン島とテルナーテ島だけであった。それも現地人の家族の料理ではなく、かつて香料貿易に従事したアラブ人の子孫たちの経営する食堂の料理などであった。

オランダはモルッカ諸島を植民地にすると、香料貿易の独占体制による価格操作をするため、香料の密貿易を厳しく取り締まった。オランダの政庁の所在地であるアンボン島と、テルナーテ島だけでチョウジとニクズクの木を栽培し、他の島々のそれらの木々を全部切り倒してしまったのである。

現在のモルッカ諸島の民衆がふだんに使用するスパイスは、トウガラシ、ショウガ、ウコン（ターメリック）である。これらのスパイスを混ぜて小さな石臼でつぶし、ペースト状にしたものを、ヤシ油で揚げた魚やニワトリにからめ、塩と水をくわえて煮ると、一種のカレー料理となる。

ダブ＝ダブ dabu-dabu とよばれる辛いソースが、モルッカ諸島の食事にはつきものである。これはトウガラシとトマトをつぶしてペースト状にし、塩をくわえたものである。タマネギ、ニンニクをくわえたり、柑橘《かんきつ》類の汁をくわえることもある。ダブ＝ダブをココナツミルクにくわえて肉、魚、野菜を煮たり、加熱しないダブ＝ダブを副食の焼き魚や主食のバナナ、マニオクをゆでたり焼いたりしたものにつけて食べることもよくある。

根栽作物とサゴヤシでんぷんの主食

インドネシアの古層の農耕文化は、タロイモやヤムイモ、バナナなどの根栽作物を栽培するものであり、のちに雑穀やイネを栽培する文化がやってきて、根栽作物にとってかわったと考えられる。インドネシアにおけるあたらしい文化の伝播は、ジャワ島を中心とする西側から東への動きをしめすことがおおい。東のはずれに位置するモルッカ諸島では、古い文化である根栽農耕がまだのこっている。セラム島ではタロイ

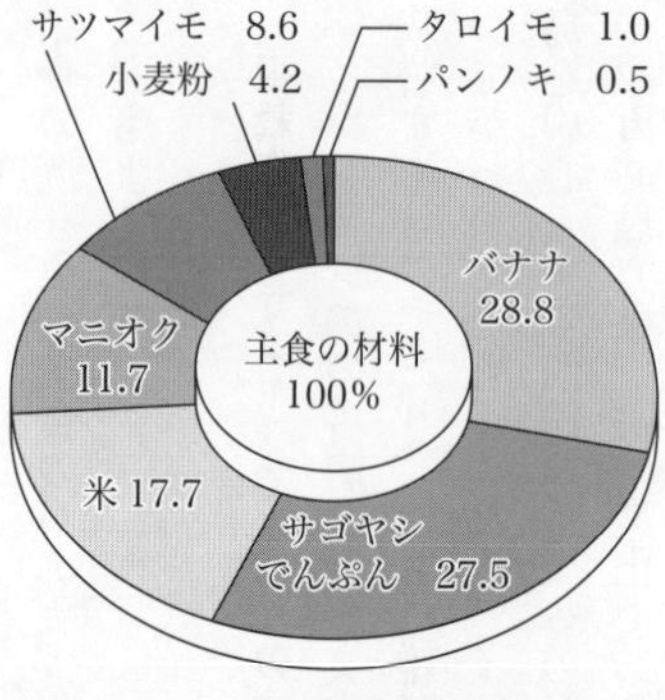

図3　ガレラ族の主食材料

モが主作物であるし、ハルマヘラ島ではバナナの比重がおおきい。

図3はハルマヘラ島のガレラ族の村で、村民たちの献立を調査した結果をしめすものである。主食の材料のなかで、米の比重はそれほどでもなく、伝統的な根栽作物であるバナナと、新大陸から移入された根栽作物であるマニオクとサツマイモをくわえると、五〇パーセント近くを占めることになる。バナナは生食用の果物としてよりも、焼いたり、ゆでてから、木の臼でつぶして、マッシュポテト状にしたものを主食として食べるのである。

サゴヤシのでんぷんは、モルッカ諸島からニューギニアにかけての地域では重要な主食となっている。サゴヤシは樹高一〇メートル近くまで生育し、さきにふれたように、開花寸前の幹のなかには多量のでんぷんがふくまれている。サゴヤシの木を切り倒し、幹の中の髄を手斧《ちような》形のサゴ・ビーターでたたいて、でんぷんの付着した髄の繊維を搗《つ》きほぐす。ほぐした繊維を集めて、水洗いをしてでんぷんを水に溶かす。でんぷんの溶けた水を沈殿器に導いて放置すると、水の底にでんぷんの沈殿層ができる。

　こうして集めたサゴヤシでんぷんは、料理にとりかかる前に編み目の異なる二種類のふるいに通される。ふるいはガレラ族の女たちが竹で編んだ自家製である。ふるいにかけたサゴヤシでんぷんは、熱湯で溶かして葛湯《くずゆ》状にしたり、竹筒にいれて焚き火で焼いたり、鍋でから炒りにしたりして、ガレラ族では十一種類の加工法がみられる。葛湯状にしたものは、二本の箸状の棒で水飴のように巻きとり、魚のスープ煮につけて口に運ぶ。

　しかしいちばん普通の食べ方は、図４にしめしたような内部に隔壁のある長方形の土器を火にかけて熱して、隔壁で仕切られた空間にサゴヤシでんぷんを詰め、長方形のビスケット状に焼きあげる方法である。これがサゴレンペン sagolenpen として知られる、モルッカ諸島各地に分布する食物である。サゴレンペンにはほかに円形、棒状などさまざまな形がある。

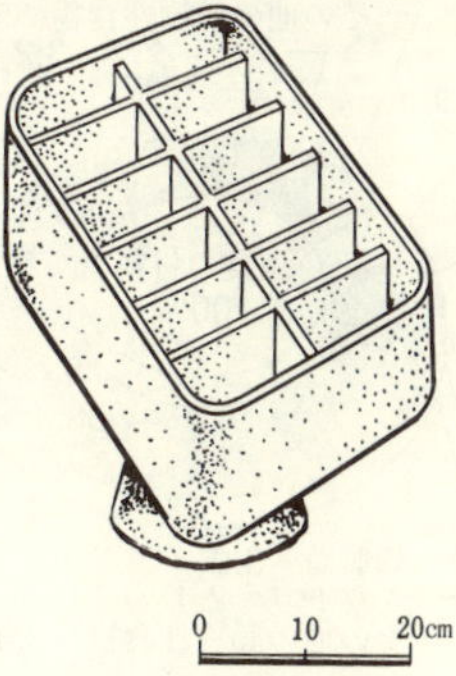

図４　サゴレンペンづくりにもちいられる素焼きの土器

　ガレラ族は日本人とおなじく、食事は主食

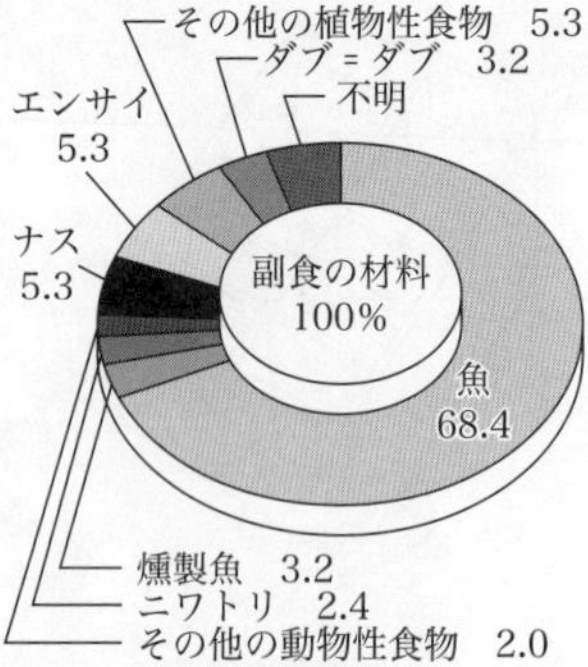

図5　ガレラ族の副食材料

と副食の二種類のカテゴリーの料理から構成される、という観念をもっている。図5は、ガレラ族の食事にあらわれた副食の材料をしめすものである。ガレラ族の食用家畜はニワトリ、アヒル、ヤギだが、それは行事のさいのごちそうとして食べるものであり、ふだんの食事のもっとも一般的なおかずは、海の魚である。インドネシアでは魚は油で揚げて食べるのが常法であり、焼き魚は一般的ではないが、モルッカ諸島では、焼き魚にダブ＝ダブをつけて食べるのが普通である。根栽作物とサゴヤシのでんぷんの主食と焼き魚のおかずが、モルッカ諸島を代表する食事といえよう。

第4章　オセアニア——太平洋にひろがる食文化

十六世紀になってヨーロッパの探検航海者たちがオセアニアにやってくるまでは、太平洋の諸民族は金属の道具を使用することや穀物を栽培することを知らなかった。石器時代に太平洋に移住してきたこれらの民族は、その後のユーラシア大陸で発達した文明と接触する機会がなかったのである。

オセアニアのいちばん古い文化をのこすのは、アボリジンとよばれるオーストラリア大陸の先住民である。アボリジンの祖先たちは、洪積世《こうせきせい》末期にはこの大陸への移住をとげていたものと考えられる。彼らは旧石器時代の技術でカンガルー、ワラビーなどの有袋類、ダチョウに似た大型走鳥エミュー、それにトカゲなどの狩猟と、漁労や野生の植物の採集をして食料にあてていた。アボリジンは黒褐色の肌をしていて、人種的にはオーストラロイドとよばれることがある。

世界第二の大島であるニューギニアの高地にも、オーストラロイド系人種的特徴をもつ人びとがいる。しかし、ニューギニアの民族は新石器時代の技術をとりいれ、農業もおこなっている。

新石器時代になって、おそらく中国の南海岸部から東南アジアの半島部にかけての地帯から出発して、太平洋の島々に船に乗って移動をとげた人びとがいる。それは、言語学的にはオーストロネシア語族に所属する諸民族である。その移動は、一回かぎりのものではなく、何波にもおよぶものであったろう。そこで、地域的に特色のある文化が形成された。オーストロネシア系の文化はメラネシア、ミクロネシア、ポリネシアの三つの文化圏にわけられる。

メラネシアとはギリシャ語で「黒い島々」という意味である。メラネシアには熱帯林におおわれたおおきな陸島がおおく、水平線上に黒々とした島影があらわれるので、この名がつけられた。ミクロネシア人、ポリネシア人は、人種的にはモンゴロイド系の形質がつよく、明るい褐色の肌をしているのにたいして、メラネシア人は、オーストラロイド系の血が混ざった黒い肌をした人びとである。

ミクロネシアとは「ちいさい島々」という意味で、第一次大戦後日本統治領であった地域である。ポリネシアは「おおくの島々」という意味で、ハワイ、ニュージーランド、イースター島を頂点とする巨大な三角形のなかにふくまれる島々を指す。

根栽作物が中心の食事

ニューギニアやメラネシアのおおきな島の湿地帯にはサゴヤシ林が発達しており、サゴヤシの幹にふくまれるでんぷんを採集して、主食とする人びとがいる。また、ニューギニア高地では、新大陸原産のサツマイモを主食とする農業がさかんである。
オセアニアの伝統的農業の特色は、根栽作物を栽培することである。タロイモ、ヤムイモ、パンノキ、バナナ、サトウキビなどが主要な作物であるが、これらの作物は穀物のように種まきをして育てるのではない。株わけ、挿し木、種イモの一部を埋めてあたらしい芽を育てたりするなどの方法で作物を植える方式の農業である。鋤《すき》や鍬《くわ》などの農具はなく、先端をとがらせた掘り棒で地面に穴をあけて作物を植えたり、収穫をする。

タロイモはサトイモ科の、地下茎を食用にする一群の作物の総称であり、そのなかにはさまざまな種がふくまれる。あくのすくない品種は、その葉も食用にされる。比較的肥沃な土壌を必要とするので、火山島以外の島での栽培にはあまり適していない。栽培には水の便のよいところがよく、そのための灌漑《かんがい》がおこなわれることもある。

ヤムイモは植物学的にはヤマノイモ科ヤマノイモ属のいくつもの種をふくんだ作物

である。オセアニアのヤムイモのなかには、大人の太ももほどの太さで、長さが一メートルをこえる巨大なものもある。

パンノキは挿し木でふやす。移植後三年で結実をはじめ、生長すれば一本の木で一年に五十〜三百個の果実をつける。一人一回の食事に一個の果実があればたりる。加熱した果実は、甘みのすくないサツマイモのような味がする。

バナナは、オセアニアの伝統的食生活においては、果物として生食するよりは、石蒸し料理にしたり、焼いたりして、主食として食べることのほうが重要である。クッキング・バナナとよばれるものは、熟しても糖化して柔らかくなることはなく、生食をすることは不可能であり、果肉のでんぷん質を加熱することによってはじめて食べることが可能となる。

こうした農業形態は、米、麦、雑穀などの穀物を栽培する農業が普及する以前の東南アジアにおける最古層の農業をうけついでいる。これらの作物の原産地も東南アジアと考えられている。オーストロネシア系の言語を話す人びとが太平洋に乗り出したとき、東南アジアの故郷の地からこれらの作物を携えて、島から島へ移り住んでいったのである。ミクロネシアのマリアナ諸島では、稲作がおこなわれていた痕跡があるが、それはフィリピン方面から伝えられたものと考えられる。

そのほかに重要な作物としてココヤシがある。ココヤシの実のなかの果汁は飲料となるし、さきに触れたように、胚乳《はいにゅう》を削って水にもみ出すと、ココナツミルクとよばれる白濁した液体になる。脂肪分に富んだココナツミルクは、オセアニアにおける重要な調味料である。ココナツの胚乳を乾燥させたコプラを製造することが、オセアニアにおけるもっとも重要な産業となったので、十九世紀に、島々がココヤシの林におおわれるにいたった。

現在のオセアニアでは、新大陸原産の根栽作物であるマニオク（キャッサバ）の生産もさかんである。おなじく新大陸から伝えられたパイナップル、パパイヤも換金作物として植えられている。タコノキ（パンダヌス）の葉は、籠《かご》や敷物を編むための材料としてつかわれるが、農業生産力の乏しいサンゴ礁の島では、タコノキの実を食料としても利用する。伝統的に野菜の栽培はほとんどなされず、野草やタロイモの葉が野菜がわりにつかわれてきた。

カンガルーなど有袋類の動物がオーストラリア、ニューギニアに分布することをのぞくと、オセアニアには大型の動物はいなかった。オセアニアで知られていた家畜は、ブタ、イヌ、ニワトリだけであり、いずれも食用に供される。これらも東南アジアから、人びとの移住にともなってもたらされたものである。あたらしい島への移住のさい、航海中に死んでしまったり、環境に適応しなかったりして、この三種の家畜のいずれかを欠く島もある。

どの島でも漁労活動はさかんで、魚や貝が重要な動物性たんぱく源となっている。

伝統的な石蒸し料理

土器を製作する文化をもっていたのは、ニューギニアの海岸部、メラネシアのほぼ全域、ミクロネシアのマリアナ諸島、ヤップ島、パラオ島にかぎられていた。ポリネシアでも、トンガ諸島、サモア諸島、マルケサス諸島の古層の文化では土器が存在していたことが考古学的発掘で判明しているが、なぜか、その後ポリネシアでは土器は消滅してしまった。

土器を使用する地帯では、土鍋をもちいて食物を煮炊きすることがおこなわれた。ミクロネシアのカロリン諸島のなかには、土器のかわりに巨大な貝殻を鍋として使用していたところもある。

土鍋を使用していた島々でも、石蒸し料理の技術が併存する。食物を直火《じかび》で焼くことと石蒸し料理は、オセアニアの全域に分布する料理法である。石蒸し料理をするためには、こぶし大の石を焚き火で真っ赤になるまで熱する。木の枝を曲げて大きなピンセット状にした火箸で焼け石をつまんで、かたわらに掘っておいた穴の底に敷きつめる。そのうえに、タロイモ、ヤムイモ、パンノキの実、料理用バナナなどの主食と、魚などをココナツミルクであえてタロイモの葉でくるんだ包みなどの副食類を置く。食物のうえをバナナの葉などでおおって、そのうえに土をかぶせて熱が逃げないようにする。地中で焼け石を熱源として、食物を蒸し焼きにするのである。

水をくわえず加熱するので、食物の持ち味が保たれる料理法である。祭りの食事のさいなど、巨大な穴を掘って、石蒸し料理でブタを何頭も丸焼きにすることもおこなわれる。オセアニアでは、この伝統的な料理法をウムとよぶ地域がおおい。

ニューギニア高地では、地面に穴を掘らずに、大木をくりぬいてつくった臼や、樹皮を円筒形に巻いてつくった枠のなかに焼け石をいれて、石蒸し料理をすることもある。

主食の料理法で、ミクロネシア、ポリネシアではポイ poi とよばれるものがある。焼いたり、煮たり、石蒸し料理にして加熱のすんだタロイモ、パンノキの実、バナナなどを、平らな木臼にのせ、石製あるいは木製の杵《きね》で糊状になるまでたたきつぶす。これをココナツミルクであえたものを、団子状にしてそのまま食べたり、保存食として長期間置いて発酵させてから、再び石蒸し料理で加熱して食べるのである。

ニューギニア高地をのぞくと、製塩はほとんどおこなわれず、海水をそのまま味つけにつかうことがおこなわれた。ニューギニア高地では、ナトリウム塩をふくむ塩泉に植物を浸したのち、焼いて灰のなかから塩の結晶を集めたり、カリウム塩に富む植物を焼いて塩をつくることがおこなわれてきた。

サトウキビはそのまま噛みしめて生食するものであり、製糖法は知られていなかった。サトウキビの葉は、屋根葺《ふ》き用の材料としてつかわれる。

ニューギニアとメラネシアにショウガが分布するほかは、香辛料はなかったが、現在では新大陸原産のトウガラシが各地で栽培され、味つけに使用されている。

変わりゆく食生活

白人が太平洋にやってきてから、オセアニアは植民地となってしまった。オーストラリア、ニュージーランドでは、先住民であったアボリジンやマオリ人は少数民族となり、アングロサクソン系の白人の国となってしまった。ハワイでもポリネシア人は少数派で、白人、日本人、中国人の移民によって占められ、ナイフ、フォークをつかう食事か、箸で食べる食事が幅をきかせている。

フランス領ポリネシア、ニューカレドニアでは食生活にフランスの影響がつよく、その他のメラネシア、ポリネシアの島々ではイギリス系の食事が、ミクロネシアではアメリカとともに日本の影響が島民の食生活に反映されている。

ミクロネシアでは、日本の統治時代に島民が米の味を覚え、現在ではタロイモやパンノキの実の主食よりも、金さえあれば輸入米を買って食べることのほうが上等であるとされている。また、オセアニアのどこでも街ではパンが売られている。

オセアニア全域がキリスト教化したので、一週間のうちでいちばんごちそうをつくるのは、日曜日の昼食となった。このサンデー・ディナーには、伝統的な石蒸し料理がつくられる島がおおい。しかし、日常の食事に手間のかかる石蒸し料理はしないようになり、輸入品の金属の鍋でタロイモ、ヤムイモ、パンノキの実、マニオクなどをゆでて食べるのが一般的になってしまった。

現在、オセアニアの島々でいちばん歓迎されている食物は、なんとコンビーフの缶詰である。

第5章　マグレブの料理

マグレブとはアラビア語で「西」を意味する。バグダードを出発し西方に進攻したアラブの軍団は、七世紀末から八世紀にかけて、北アフリカ各地に、軍隊の駐屯地《ちゅうとんち》でありイスラーム教布教の拠点となる城塞《じょうさい》をつくっていった。モロッコのジブラルタル海峡を過ぎ、大西洋岸に到達したアラブ人たちは、そこから先にはもはや征服すべき土地がなく、「日の沈む西方の地の果て」であることを発見した。

現在、地理学的区分としてマグレブとよばれるのは、モロッコ、アルジェリア、チュニジアの三ヵ国である。ここでは、食生活においてはマグレブ諸国と共通面のおおいリビアもマグレブ世界にふくめて論じることにしよう。

数おおくの民族の興亡が繰りかえされてきたマグレブ世界の歴史は複雑である。この地方の先住民はベルベル人である。彼らは、サハラ砂漠、リビア砂漠のかなたに分布する黒人系の民族とも古くから交流をしていた。北アフリカ沿岸には、フェニキア人の植民都市が築かれたが、ポエニ戦争（第一次〜第三次、紀元前二六四〜同一四六年）以後マグレブ世界はローマ帝国の版図に組みこまれるようになった。ローマの滅亡期の民族大移動の時代には、ヴァンダル族などヨーロッパの民族が侵入して、マグレブのローマ都市が破壊される。その後、アラブ人がやってきて、マグレブはすっかりイスラーム化してしまった。さらにオスマン・トルコ帝国の支配を経て、ヨーロッパ諸国の植民地となった歴史をもつ地域なのである。

のちにのべるように、このような歴史がマグレブの食生活にも反映されている。

現在、マグレブの住民たちはアラビア語を話し、イスラーム教徒となっていて、人種的にもベルベル人とアラブ人との混血が進んでいる。モロッコやチュニジアの一部にはベルベル語を話す人びとも残っているが、純粋なベルベル文化というものはほとんど姿を消してしまっている。

砂漠とオアシス

モロッコの大西洋岸からチュニジアにかけて、地中海に沿って走るアトラス山脈によって、マグレブはふたつのことなる世界に区分けされる。アトラス山脈の北側は、コムギと果樹の作物をつくる地中海型の農業を営む定着農民の世界となっている。山脈の南側には、サハラ砂漠、リビア砂漠がひろがり、そこにはナツメヤシの植えられたオアシスが点在するほかは、砂漠でラクダを放牧する遊牧民の世界である。リビア砂漠のフェザン地方を例にとって、砂漠とオアシスに暮らす人びとの食生活をながめてみよう。

砂漠を旅していてオアシスの存在をまず告げるものは、地平線にあらわれる黒々としたナツメヤシの林である。水が湧きでて耕作可能な土地、すなわちオアシスの耕地は、ナツメヤシの林でおおわれている。数メートル間隔で植えられたナツメヤシの林のしたで、コムギ、オオムギと牧草であるムラサキウマゴヤシなどの作物が栽培される。条件がよければナツメヤシの木は年に約一〇〇キロの実をつける。ナツメヤシの木が三本あれば、一人の人間が飢えることはないといわれる。

ナツメヤシの実は、生果では食用にせず、乾燥させて食べる。長さ三〜四センチの実は乾燥すると甘みが増し、表面に白い粉がふいて、干し柿とおなじような味がする。そのまま種の周りの果肉をかじるのが普通だが、乾燥したものを水に浸してから種を取りのぞいて、臼でつき砕いて羊羹《ようかん》状にして食べることもおこなわれる。たいへんカロリーのたかい食品で、都市住民にとっては手軽なおやつとなるが、砂漠に住む遊牧民にとっては主食とされ、オアシスでのもっとも大切な作物である。

遊牧民が砂漠でラクダの群れの放牧に従っているときには、乾燥したナツメヤシの実とヒトコブラクダの乳が主食となる。それは火を使用しない食生活である。ナツメヤシの実を壺のなかで水に浸しておくと発酵する。これをパン種として使用する。樹上の花房を切って、そこからしたたる甘い液体を放置して、なかば発酵させたものは清涼飲料としてもちいられる。さらに発酵させると、アルコール分が増して酒となるが、イスラーム教の戒律によって酒造りは禁じられている。

コムギでつくったパン、コムギやオオムギの粉を湯で練りあげて、ヒツジやラクダの肉のシチューをかけた料理は、オアシスの定住民の食物であり、遊牧民にとっては行事のときや賓客を接待するためのごちそうであった。

塩のほかによく使用される調味料は、乾燥トマトとトウガラシである。オアシスで栽培したトマトを天日で乾燥させると、砂漠の気候のことなので、水分がまったくなくなってしわが寄り、手で握ると砕けるようになる。これを乾燥したトウガラシとともに乳鉢にいれて粉末状につき砕く。タマネギなどの野菜をラクダの脂身あるいはヒツジの乳からつくったバターオイルで炒めたものに、水と、ラクダあるいはヒツジの肉、塩、トマト、トウガラシの粉末をいれて煮込んだシチューがごちそうのさいの食べ物である。

ラクダは砂漠で飼うが、ヒツジはオアシスの住居のそばに建てたヒツジ小屋で飼って、ムラサキウマゴヤシを飼料とする。高温で草が枯れてしまう夏季には、ラクダ群をオアシスに連れ帰って、ムラサキウマゴヤシで飼育する。すなわち、フェザンの遊牧民は砂漠とオアシスを往復する生活であり、オアシスで生産される家畜飼料とナツメヤシの実は生活に欠かすことができない。

オアシスに帰ってきたときが、パンやヒツジの肉などのごちそうが食べられるときであり、砂漠では火を使用しない食事がおこなわれていたのである。リビアが産油国となって、自給自足の生活から商品経済に移行した現在、かつてイタリアの植民地体制に組みこまれていたこの国では、遊牧民のあいだでも地中海沿岸からやってきた缶詰のオリーヴ油とトマトペーストを使用して、スパゲッティを食べることが一般的になりつつある。そして、自動車やトラクターが普及したので、ラクダを役畜として利用することもなくなり、食用家畜としてのみ飼養するようになった。

古代ローマの穀倉地帯

アトラス山脈の北側で、アルジェリアからチュニジアにかけての地中海の海岸沿いの平野部は、コムギの畑、オリーヴ林、オレンジ、ブドウ、イチジクなどの果樹園が連なる豊かな土地である。その生産力を基盤にフェニキア人の首都であるカルタゴが建設されたし、ローマ帝国のアフリカ州に編入されてからは、この地帯から穀物やオリーヴ、果実類が地中海を越えてローマに送りだされ、ローマ帝国の繁栄を支えた。砂漠地帯での主食がナツメヤシの実であるのにたいして、地中海岸の農耕地帯では、パンと、のちにのべるクスクスが主食とされる。

マグレブの都市の住人は、市場のパン屋でパンを焼いてもらう。前日ののこりのパン生地を混ぜて発酵させたパンに、自分の家の印である手型をつけて、白布にくるんでパン屋にもってゆく。パン屋はオール状の道具にパンをのせて、熱してあるパン焼き竈《かまど》の底にパンを並べて焼く。焼きあがったパンは、厚さ三センチ、直径三〇センチ前後の円盤状の形をしている。

パン屋のない田舎では、家庭でパン焼きをする。破損した土製の甕《かめ》を土間に埋めこんだものが、家庭のパン焼き竈である。甕のなかで薪《まき》を燃やし、じゅうぶん熱したところで、熾火《おきび》を取り去る。このなかにパン生地をいれ、甕の側壁に張りつけて焼く。

他のマグレブ諸国にくらべフランスの植民地時代がながかったアルジェリアでは、現在、フランス的生活様式が浸透している。中流のアルジェリア人の家庭では、アラビア語ではなくフランス語を話す者もおおいし、アラブ風に焼いたパンであるケスラkesraではなく、フランスパンを好み、フランス流のコーヒーを飲む。

しかし行事のさいのごちそうには、伝統的な料理である子ヒツジの丸焼きメシュイméchouiが供される。これは、マグレブ全域に共通する料理であり、子ヒツジにバターと塩を塗ってバーベキューにしたものであるが、都会では、一頭丸ごとではなく、小さな塊に切って焼かれる。ヒツジの肉に香辛料をくわえて串焼きにしたカバブkebabは、トルコ方面に起源をもつ料理であるが、これもまた、マグレブ諸国に共通した料理となっている。

塩漬けのオリーヴは、日本での漬物のようにマグレブの食卓には欠かすことのできないものである。

トマトペーストにトウガラシの粉と塩を混ぜて、オリーヴ油で練ったものハリーサharissaは、ジャムのようにパンにつけて食べられ、チュニジア人の好物となっている。

ヒツジの肉、豆類、タマネギ、トマトなどの野菜の具がおおく、サフランやパプリカで赤く色づけされた辛い味のするスープ、ハリラharriraは、チュニジアの名物料理であり、断食月のごちそうとしてナツメヤシの実と一緒に食べるのがきまりである。

チュニジア料理の代表格は、ブリックbrickである。小麦粉でつくったクレープ状の薄皮のうえに、塩や香辛料で味つけをしたエビ、魚肉、ヒツジ肉のミンチ、オクラ、ゆでたジャガイモやパセリのみじん切りなどの具をのせ、そのうえに卵を一個割っておく。卵がこぼれないように薄皮で包んだ後に、オリーヴ油で揚げたものがブリックである。このとき、卵の黄身が固まるほど揚げてはならない。パリッと揚がった薄皮を歯でかむと、なかからどろりとした黄身が口のなかに流れだすのがよいとされる。ブリックはチュニジア料理のコースの最初に、ヨーロッパ流にいえばオードヴルとして供される。

地中海の魚をから揚げにしたり、塩焼きで食べる魚料理も、この地帯で発達している。

マグレブの共通料理クスクス

クスクス couscous はマグレブ全域に共通した料理である。それは、アラブ侵入以前からベルベル人の伝統的料理として存在したものである。硬質コムギの粉に塩水を少量注いで練ったものを、ひとつかみ台のうえにのせたり、おおきな木鉢のなかにいれて、掌《てのひら》で転がしていると、もろもろの粒状になる。これをふるいでこして、粟粒よりもすこしおおきめにしたものがクスクスである。オオムギ、トウモロコシ、ドングリの粉でつくったもの、粉製品ではなく穀物を碾《ひ》き割りにしたものや、乾いたパン粉をクスクスとして使用することもある。

クスクスを蒸すための特別の蒸し器がある。それは、できあがったクスクスにかけるシチューをつくるための下鍋と、そのうえにはめこんでクスクスを蒸すための上鍋から構成されている。下鍋に水と、ヒツジ、ヤギ、ラクダなどの肉、あるいは魚、それに野菜をいれ、トマトピュレ、トウガラシや香辛料、塩をくわえてから、クスクスの入った上鍋をかけて蓋をして火にかける。シチューから立ちのぼる蒸気で上鍋のクスクスが蒸しあがる。

できあがったクスクスはおおきな陶製の鉢にいれ、そのうえに、下鍋でつくったシチューをかけて食べる。クスクスはイスラーム教の安息日である金曜日につくる料理であるし、また結婚式などの行事に欠かせないごちそうとなっている。何皿もの料理が供される宴会の場合、日本では飯が最後に出されるように、クスクスはコースの最後の料理として出てくる。

洗練されたモロッコの料理

マグレブの文化の中心地であったモロッコの都市は、北アフリカでいちばん洗練された料理をつくる場所として知られている。モロッコの宴会料理の最初に出されるのがバステーラ bastela である。すなわち、料理のコースはバステーラにはじまり、クスクスにおわる。

バステーラは直径が三〇センチ以上ある巨大な円盤状のパイで、表面には粉砂糖で幾何学模様が描かれている。これを割ると、なかから骨つきのハトやニワトリを香料で煮た料理、オムレツ、野菜、アーモンドなどのさまざまな料理が手品のように出てくる。昔の都であるフェズでつくるバステーラがとくに有名である。

バステーラのパイ皮にあたるものは、小麦粉を練ったものを、熱した鉄板のうえにのばしてつくるが、半透明に透けてみえるほど薄い皮に仕立てあげなければならず、専門の職人でないとうまくつくることができない。百枚以上のパイ皮で、ハト料理などの具を包んで円盤状に形を整え、パン焼き竈にいれて焼きあげる。「世界には二種類の人びとがいる。バステーラを食べたことがある人びとと、不幸にしてその味を知らぬ人びとと」と、モロッコ人たちが豪語するに値する見事な料理である。その起源をスペイン南部のアンダルシア地方に求める説がある。

イベリア半島にモロッコ人たちがつくった征服王朝の時代（七一一～一四九二年）に、パイ皮でひき肉、オリーヴの実、固ゆで卵などをくるんだパステル pastel という料理を知り、これを洗練させたものがバステーラとなったというのである。

タジンtajinという料理はチュニジア、アルジェリアにもあるが、モロッコが本場とされている。肉や魚の煮込みであるが、種々の香料をいれて香りづけすることと、アーモンド、干しブドウ、ナツメヤシ、干しスモモなどのナッツや干した果物と蜂蜜をいれて、甘い味をつけた濃厚な味が特徴である。タジンとは、この料理をつくるための、三角帽子のような蓋のついた底の浅い土鍋の名称に由来する料理名である。できあがったタジンは鍋ごと食卓に出され、蓋をとって直接食べる。

カフタkaftaという料理はマグレブでもっとも人気のある料理のひとつで、市場の露店でも焼きたてのものを立ち食いすることができる。ひき肉に、クミン、パプリカ、トウガラシ、コショウの香辛料と、コリアンダーかパセリの葉をみじん切りにしたものと、タマネギのみじん切りと塩を混ぜて、それをこねたものを串に塗りつけて焼く。ヒツジ肉のカフタがいちばん好まれ、次が牛肉で、ラクダ肉のカフタは貧しい人や田舎での食べ物とされる。

モロッコの代表的な料理として知られているのは、バステーラ、タジン、カフタ、メシュイ、ハリラ、クスクスである。しかし、バステーラやメシュイは庶民の日常の食事にはあらわれない。朝食は茶、コーヒーあるいはサワーミルクと少量の冷たいパンやナツメヤシの実ですましてしまい、昼食や晩食もパンと塩漬けのオリーヴの実の簡単な食事であったり、せいぜいクスクス、タジン、ハリラなどのごちそうが添えられるのが、民衆のふだんの食生活である。

もっとも重要な香辛料トウガラシ

スークとよばれる市場が、モスクと並んでマグレブの街の生活の中心となっている。古い都市では、スークはカスバのなかにあり、迷路のようにいり組んだ細い路地の両側が店となっている。市場では、衣料品、貴金属細工、家具、真鍮製や陶器の食器類など、あらゆる生活必需品が売られている。

肉類では、ヒツジとニワトリが主であり、牛肉はチュニジアの一部をのぞいて一般には食べられない。イスラーム教の戒律に従い、ブタ肉を食べることは禁じられている。田舎の市場ではラクダの肉が売られる。野菜では、トマト、トウガラシ、コリアンダー、ハッカなどの調味料や香りづけのためにもちいられるものが目立つ。

市場にはかならず香辛料専門店がある。中世にアジアの香料をヨーロッパに運搬する貿易に従っていた民族の伝統をのこし、香辛料専門店では何十種類ものスパイスを売っている。マグレブの料理をつくるさいの基本的な香辛料を十種類あげると、シナモン、クミン、サフラン、ターメリック、ジンジャー、黒コショウ、トウガラシ、パプリカ、アニスシード、ゴマである。さまざまなスパイスを駆使する料理は、都市に住む者や金持ちの料理、あるいは行事のさいの料理である。しかし、田舎の農民の料理でも香辛料がまったく使用されない料理というものは、まずないであろう。そのとき、もっとも重要な香辛料はトウガラシである。

食事の仕方、飲み物

家族がそろって食卓につくのが原則であるが、男女隔離の厳しいイスラーム文化にのっとって、近親者以外の客がある食卓につくときには、家族のなかの女性は別室に下がってしまい、男性の客と同席をしない。

食事の前には、まず手を洗う。来客のさいには、召使あるいは家族のなかの少年が、客にホウロウびきの洗面器を差しだし、そのうえで金属製の水差しから水を注ぎ、その水で客が手を洗いおわったら、タオルを差しだす。

絨緞を敷いた床に置かれた円形の卓袱台《ちゃぶだい》状の食卓をかこむように座を占める。農村や遊牧民の生活では食卓を使用せず、食器を直接絨緞のうえに置く。食べ物は大皿やおおきな鉢に盛って供され、皆がそれに手をのばして食べる。左手は不浄な手とされるので食べ物に触れてはならない。

右手の三本の指で食べるのが正しいマナーとされる。モロッコのベルベル人のことわざでは「一本指で食べるのは憎しみを象徴することであり、二本指で食べるのは傲《ごう》慢《まん》さを示す。三本指で食べるのはムハンマド（マホメット）の教えに忠実な者であり、四本あるいは五本の指で食べるのは大食漢のしるしである」という。食事のさいに大声でしゃべり合うことは不作法であり、黙々と食べるのが普通である。

パンで肉や野菜をはさんで取ったり、シチューの汁をパンに浸して食べることもおこなわれ、パンは食べ物であると同時に食器の役割もはたす。

食後、再び水差しが回され、手を洗うとともに口をぬぐう。食事の後で茶が供されるまで、食事とともに飲み物をとることをしないのが普通である。

リビアをのぞくマグレブ諸国はブドウ酒の産地であるが、イスラーム教に忠実な人びとは酒類を飲まない。いちばん一般的な飲み物は茶である。

喫茶の歴史はあたらしく、一八四五年にモロッコに茶が輸入されたのがはじまりであるという。しかし現在では、フランス流のコーヒーを飲むアルジェリアの都市民をのぞいては、茶は日常生活に欠かすことのできないものになっている。

チュニジア、モロッコでは、ハッカいりの茶が好まれる。銀製あるいはまがいものの銀器のティーポットに、茶葉（現在は紅茶もよくつかわれるが、もともとは中国産の緑茶を使用したもののようである）と、生のハッカの葉に多量の砂糖をいれて、熱湯を注ぐ。これを小型のガラス製のカップについで飲む。リビアでは、中国産緑茶を多量の砂糖とともに金属製のティーポットで煮出した後、たかいところから滝のように注ぐことによって泡立てて飲む方法が一般的である。

II

日本の食事

第6章　米——聖なる食べ物

稲作

【米を特別視する農業政策】

現在（一九九〇年）、日本の主要な農産物の自給率はいちじるしく低下しており、日本人が消費するカロリーのなかで、自国で生産される食料から得られるものは四九パーセントにすぎない。世界中から食料を輸入することによって日本人の食生活は維持されているのである。

一九八九年にわたしは旧西ドイツのケルンを訪れ、中央卸市場を見学する機会を得たが、イタリア、フランス、スペイン、ポルトガルなどの国々から、新鮮な野菜がトラックでどんどん運ばれてくるありさまをみて、ECという機構がドイツの人びとの食生活を変えつつあるという印象をうけた。国境をこえての流通がさかんになったことで、一年中新鮮な野菜が供給されるようになり、また、いままでドイツでは食べられなかったあたらしい種類の野菜も八百屋で売られるようになったらしい。

島国である日本は、野菜を陸路で輸入するわけにはいかないので、野菜の九四パーセントを自国産でまかなっているが、新鮮度を必要としないコムギになると自給率はわずか一四パーセントにすぎない(1)。このような事情のなかで、平年の米の自給率は一〇〇パーセント以上であり、日本人が必要とする以上の米が生産されているのだ。

米の生産は政府の統制下にあり、政府は農家の米を国際価格の三〜五倍の値段で買っている。この米作農家保護政策にたいして国際的に非難が浴びせられ、現在、米の貿易自由化を迫られている。

米を特別視する政策は、いまにはじまったことではない。日本に国家が成立して以来、為政者の農業政策は、米の収穫量をいかにたかめるかという一点だけに集中してきた。十六世紀後半からは、日本全土の土地を米の生産額によって評価すること(検地)がおこなわれ、将軍の統治する中央政府は、米の出来高に応じて評価された土地を、封建領主たちの領土として分配した。農民からの税金は米の現物で領主に納められ、領主の臣下である武士の給料は米で支払われた。武士たちは、その米を商人に売った金で生活したのである。

このように、国家経済の基盤を米に依存していたことの後遺症が現在の政府にまでひきつがれ、米を特別な食品とみなす政策が続いているのだ。

日本が農業社会になったのは、紀元前九〇〇〇年頃に本格的な稲作が伝来してからであり、日本の稲作は中国の長江（揚子江）下流のデルタ地域に起源するものと考えられている。(2)以来、日本人の伝統的生活様式は、稲作農業のカレンダーに従って運営されてきた。その例は祭りのなかに顕著にみることができる。

【稲作の祭り】

日本における村落の祭りの主要なものは、春祭り、夏祭り、秋祭りの三つである。春祭りは、イネの苗を田に移植する田植えの祭りで、その年の稲作の開始にあたって豊作を祈願するものである。しばしば、田植えという農作業そのものが祭りとされ、大田植え、花田植えといって、早乙女《さおとめ》が盛装して音楽にあわせて田植えをする習俗もある。

古代における天皇は、政治の最高権威であるばかりでなく、神道の最高の司祭としての役割をになっていた。そのなごりで、現在でも天皇は宮中に設けられた水田で儀式的な田植えをおこない、その年、日本国中の稲作が無事であることを祈願する。イネの害虫がおおく発生する時期におこなわれる夏祭りは、虫よけの意味をもつ祭りであり、秋祭りはイネの収穫祭である。

宮中では、その年に収穫したイネを天皇自らが神に捧げそれを食する、新嘗祭《にいなめさい》という行事がおこなわれる。

【イネの精霊】　日本にかぎらず、東南アジアの水田農耕地域には、イネは精霊の宿る穀物であるとみなす信仰がある。このイネ粒に宿ると信じられているイネの精霊ないし神（稲魂《いなだま》）に、人間が不敬な行為をすると、このイネを食べても栄養にならずに人はやせ細るし、種子としてまいてもイネは実らず、不毛になるという伝承が東南アジア各地に分布している。

八世紀に編纂された『山城国風土記』逸文には、つぎのような説話が記されている。

京都の近郊に住んでいた秦《はた》の長者が、餅を的にして矢を射たところ、矢のあたった餅は白い鳥と化して飛び去り、山の峰にとまった。そしてその鳥のとまったあとにはイネが生えていた。この鳥がイネの精霊の化身であったことを悟った長者は、イネの生えていた場所に神社を建て、イネの精霊を祭った、というのである。

これが、日本最大の神社のひとつで、正月には百万人が参詣するという伏見稲荷大社の起源である。この場合は長者がイネの精霊を祭ったので不毛がもたらされなかったが、他の地域に伝わる同種の説話では、餅を的にして矢を射た金持ちには凶作が続き、没落したことになっている。

餅と祈り

【力餅】 餅はもち米からつくられる。もち米は普通の米とはでんぷんの組成がことなり、加熱すると粘り気がつよくなる性質をもっている。普通の米は水で煮て食べるが、でんぷんの特殊な性質のためもち米は蒸して加熱する。

蒸したもち米を臼にいれて、杵《きね》で搗《つ》き固めたのが餅で、日本人にとっては特別な意味をもつ食べ物である。餅を食べると、ふだんにくらべてずっと力が増すと考えられてきた。米を凝縮させた食べ物なので、少量で多くのカロリーを摂取できるし、消化に時間がかかるので、餅を食べたらなかなか空腹を感じないという栄養学的・生理学的な理由もあるが、それにもまして、餅には超自然的な力が宿る聖なる食品としての意義がこめられており、そのことが餅を特別な食品としているのだ。餅には、精霊の宿る食品である米のもつ聖なる力が凝縮されているものと考えられたのであろう。

そこで、餅は祭りや行事にともなう食品となった。日本の家庭の年中行事のなかで最大の祝日は正月であり、餅は正月には欠かすことのできない食品とされているのである。

【鏡餅】　正月になると、各家庭には鏡餅が飾られる。鏡餅は餅を、円盤形をした金属製の鏡の形に加工したものである。

西洋からガラス製の鏡の製造法が伝えられる以前、日本の鏡は金属でつくられた円盤形のものであった。そして神社には神鏡が祭られていて、人びとはそれを拝んだ。神道の神は人間にはその姿が見えず、「あの世」の存在であるが、人びとが祈願をすると「この世」にやって来て祈りを聞いてくれると考えられている。神が「この世」を訪れたとき、神社のなかの鏡に宿るとされ、したがって鏡は神を象徴するもの（依《よ》代《しろ》）なのである。

人びとは一月一日の朝、鏡餅に向かって祈りを捧げるが、この風習は十世紀の文献に記録されていることから、それ以前からおこなわれていたことがわかる。しかし、なぜ鏡餅に向かって祈るのかということの意味は現在ではほとんど忘れ去られている。正月には各家庭に「歳神《としがみ》」が訪れるという言い伝えを残している地方もある。日本では精霊と神はおなじ存在であり、正月に「あの世」からやってきて鏡餅に宿る神は、イネの精霊にちがいないといえよう。

そうしてみると、日本人にとって最大の行事である正月は、これから始まる年の稲作が無事で収穫もおおいようにと願う、農耕儀礼としての意味をもっていたものと考えられる。

【雑煮】　元日の朝、一年の最初の食事として雑煮を食べる。雑煮とは「さまざまなものを寄せ集めて煮たもの」という意味で、野菜や魚、鳥類の肉などと餅とをスープ状に煮た料理であり、餅は雑煮には不可欠な材料である。歳神の神前に捧げた餅その他の供物を煮て食べたのが、雑煮の起源だと考えられている。

【餅菓子】　神聖な食物である餅は、祭りや行事の食べ物であるいっぽう、それらの行事がなくてもつくられ、菓子としても食べられるようになった。茶の湯が流行した十六世紀以来、さまざまな種類の菓子が発達したが、そのおおくは餅を原料としていた。そこで最近まで、菓子屋は餅屋を兼ねることがおおかったのである。

酒と祭り

かつての日本人の二大嗜好品は、餅（餅菓子を含む）と酒であった。

酒もまた米からつくられる。ワインのように果実を発酵させてつくる酒造りは、東アジアでは発達しなかった。

穀物を原料として酒を醸造するさい、ヨーロッパやアフリカでは、ビールをモルトからつくるように、穀物の発芽のさいの糖化作用を利用した酒造りがおこなわれる。それにたいして東アジアでは、まったくことなる酒造法がもちいられる。穀物に麹《こうじ》とよぶカビを繁殖させ、カビの酵素の作用によって発酵させるのである。中国では米のほかにさまざまな穀物が酒の原料とされているが、日本では酒は米だけでつくる。また利用するカビの種類も、中国大陸や朝鮮半島とことなっている。

カビを利用した酒造りは、稲作とともに大陸や半島から伝えられたのであろうが、その後、日本独自の醸造技術が発達した。蒸留をしないでつくった醸造酒としては、アルコール含有量が二〇パーセントに達する世界でいちばん度数のたかい酒をつくれる技術を開発したのである。

酒は祭りにつきものであり、神道の神々は酒が好きだと考えられて、神社にも酒が供物として供えられる。この、神に捧げた酒を祭りに集まった人びとが飲み、同じ神を祭る者どうしの連帯感をたかめたのである。

【酒茶論・酒飯論・酒餅論】 十六～十七世紀に書かれた一連の滑稽文学である『酒茶論』『酒飯論』『酒餅論』などをみると、酒、餅、飯、茶の関係について日本人がいだいている観念がよくわかる。

たとえば『酒餅論』は擬人法で書かれ、さまざまな種類の餅や餅を主材料とする菓子たちによって構成される軍隊と、各地の名産の酒を兵士とする酒の軍隊が戦争をしているところへ、飯《いい》の判官が入って仲裁するという筋だてである。酒も餅も飯を原料にしているのだから、飯の判官のいうことにそむいてはいけなかろうと平和が回復され、めでたし、めでたし、ということになる。

日本人は、図6に示したように、酒と茶、酒と飯、酒と餅のそれぞれは対立関係にある食品だと感じている。

酒と茶はどちらも飲料であり、一方は「酩酊」、他方は「覚醒させる」という逆の作用があるから、相反するものであると考えられるのは当然であろう。

酒と餅、酒と飯の場合は、どちらも米を原料とした食品であるので、液体状か固体状か、いずれかで摂取すればよく、二重に米を食べる必要はないという観念も作用している。かつて民衆が自家製造したドブロクは、こさずにつくるので米粒が混じっていた。それを大量に飲んだら腹が一杯になる主食としての性格も備えていたのだ。二種類の主食を同時にとる必要はないということで、酒と飯、酒と餅を一緒に食べなかったのかもしれない。ただし、酒の前後に飯や餅を食べることはさしつかえないとされていた。

餅は甘い食品であると人びとに認識され、とくに餅が菓子に発展すると、その観念は強化されたらしい。いっぽう、酒を飲むときには塩辛い味つけの食物が合うとされ、甘い食物は酒に合わないと感じられてきた。こうして嗜好のちがいによって人びとを二分し、餅や菓子を好む者を「甘党」、酒を好むものを「辛党」とよぶようになった。

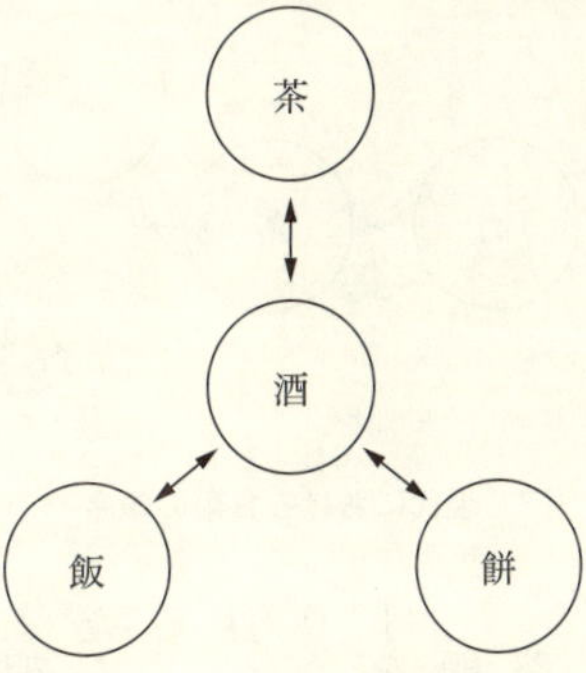

図6　酒と茶、飯、餅の関係

【食事の順序】　食事を食べる順序は時代によってもことなるし、本膳料理、茶懐石などといった食事の型式によってもことなる。図7は現在の日本人が酒をともなう食事をするさいの、食べ方の一般的な順序をしめしたものである。

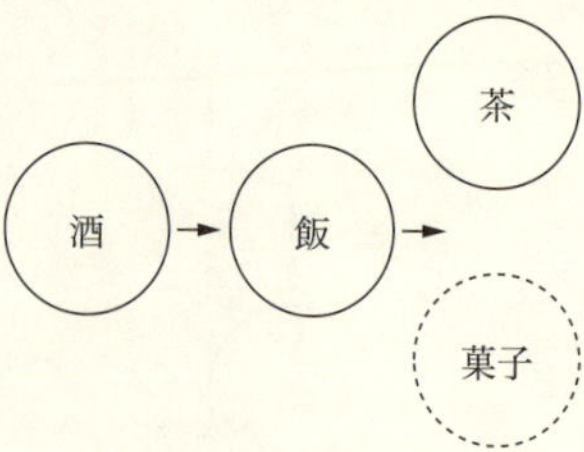

図7　現代における食事の順序

朝食や昼食にアルコール飲料を飲む者はすくないが、ふだんの日でも夕食には酒やビールを飲む人が増加している。このとき、アルコール飲料を飲んでいるあいだは飯は食べない。さまざまな副食物をつまみながら酒を飲み、じゅうぶん酒を飲んだと感じたら、飯を食べはじめる。飯に手をつけたら酒には手を出さないのがふつうである。

飯がおわったら、緑茶を飲んで食事をおわりにする。茶とともに果物や菓子を食べる場合もあるが、普通は茶だけで締めくくる。伝統的な宴会料理の場合はデザートも供されたが、家庭での食事にはデザートがつかないのが一般的であった。ヨーロッパの食事形式の影響で最近はデザートを出す家庭がふえつつあるが、伝統的には菓子類は間食のさいに茶と一緒に食べられるもので、食事にともなうものではなかった。

【酒のさかな】　伝統的な日本料理を食べさせる高級レストランに招待されたヨーロッパの人たちは、「それは果てしないオードヴルの連続である」という感想をもらす。日本料理の献立には、ヨーロッパの食事のさいの肉料理のようなメインディッシュにあたる料理は存在しない。しいて食事の主役をあげるならば、それは酒あるいは飯である。酒をともなう食事のさいは、さまざまな副食物をすこしずつ食べながら、ながい時間をかけて飲酒を楽しむのである。

十八世紀なかごろから大都市で高級料亭が発達し、そこで現代にもうけつがれているおおくの料理が発達した。このような高級料亭は宴会の場所として利用されるのが普通であり、したがってオードヴルとしての料理がさまざまに考案されたのである。

正式の宴会料理では、酒とともに汁も供されたが、漬物が酒にともなうことはまずない。漬物は酒がすんで飯を食べるときに出されるのが普通だ。貧乏な家庭であったり、酒のための副食物が用意されていないときは、漬物を食べながら酒を飲むこともあるが、それは例外的な事例である。

酒にともなう副食物は「さかな」とよばれる。魚とおなじ発音であるが、語源的には「酒の副食物」（酒菜）に由来する。

【飯のおかず】　飯にともなう料理も、酒を飲むときつまむ料理も、内容はおなじである。すなわち、酒と飯とは互換性のある食品と考えられている。主役はかわっても脇役はかわらない。おなじ料理でも、酒が主役のときは「さかな」とよ

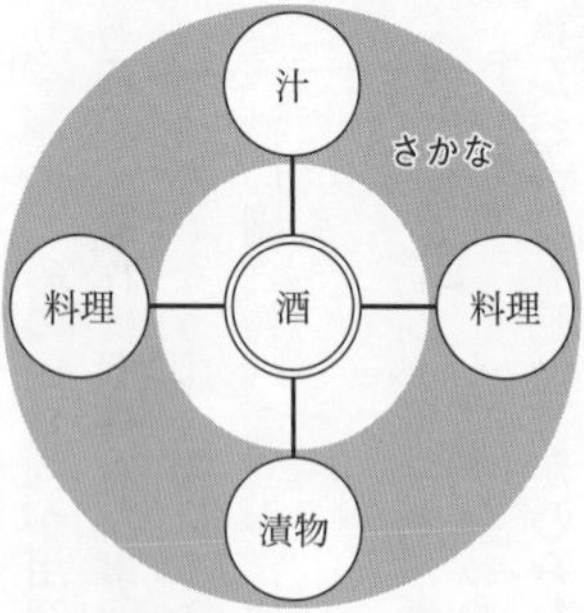

図8　酒のさかな

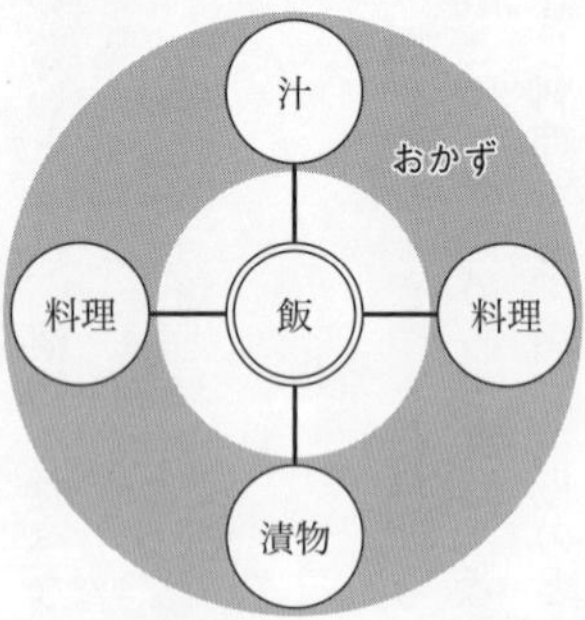

図9　飯のおかず

び、飯が主役のときは「おかず」というカテゴリーに分類するのである（図8、図9）。「さかな」や「おかず」の品数がおおいほど、立派な食事だとみなされる。これらの料理は、現在のヨーロッパの食事のように、ある料理を食べおわってからつぎの料理が運ばれるという、コースに従った時系列型の配膳法で出されるのではない。一度にすべての料理を食卓に並べてしまう、空間展開型の伝統的な配膳法によっている。

【主食中心の食生活】

過去の民衆の日常の食事では、たくさんの種類の副食物を並べて食事を楽しむことは不可能だった。幾皿もの料理が並ぶのは、祭りや行事のときにかぎられていたのだ。また、日常の晩飯に酒を飲むことのできる人もすくなかった。

そのような庶民の最低限の食事は、飯と、汁が一品、野菜を煮た副食物一品（あるいは魚料理一品。しかし漁村以外では魚はごちそうで、日常の食事に登場する回数はすくなかった）、それに漬物一品から構成されていた。食事の主体は飯であり、飯は何杯もおかわりをする。飯を多量に胃袋に入れて腹を満たし、その他の食べ物は大量の飯を胃袋に送りこむための食欲増進剤として食べられたのである。

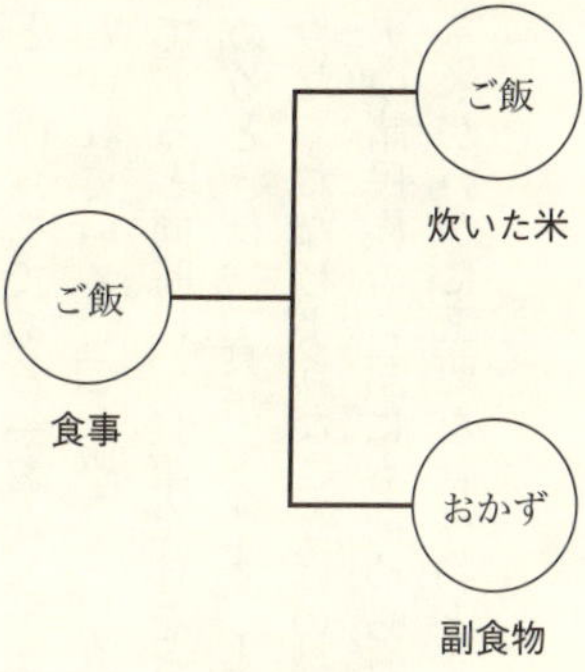

図10　食事の構成概念

このような飯中心の食事は日本ばかりでなく、米を主食とする他の民族にも共通している。

日本人の観念では、図10のように、正常の食事は「炊いた米」という意味の「ご飯」（飯）

と、副食物である「おかず」の二種類のカテゴリーの食品から構成されるべきであるとされている。「ご飯」ということばは、副食に対置したさいの主食をしめすことばであると同時に、食事全体をさすことばとしてもつかわれる。主婦が食卓に家族を集めるときは、「食事ですよ」ということばの同義語として「ご飯ですよ」というが、まったくおなじようなことばの構造が、言語系統のことなる中国、朝鮮半島、東南アジアの諸民族の言語にも認められる。そのことは、稲作民族の食事において、主食である米がいかに重要な食べ物として位置づけられているかをものがたっている。

【肉・乳製品の欠如した食生活】

東南アジアと東アジアの中国、朝鮮半島、日本は、伝統的に動物の乳しぼりをおこなわなかった地帯にあたる。そこで食生活には乳製品を欠いていた。また、ウシやヒツジなどを群れとして飼育する牧畜という生産様式もなく、農産物に食生活の大部分を依存してきた。東アジア、東南アジアでは、肉は豊かな人びとの食べ物で、民衆が肉を食べる機会はかぎられていたため、魚のほかには動物性たんぱく質を摂取できるものがすくなかった。このような食事パターンにおいては、たんぱく質は動物性食品からとるのではなかった。主食である米を大量に食べることによって得られる植物性のたんぱく質に依存してきたのである。

とくに日本は、八世紀に仏教国家となって哺乳類の肉を食べることをタブーとするようになり、その風習は明治時代になるまで続いた。伝統的日本食において、魚がごちそうとされたゆえんである。一八七八年の統計から計算した結果では、当時の日本人の摂取するたんぱく質の約五〇パーセント、熱量の六〇パーセントが米から供給されていたことになる(3)。米は文字どおり主食だったのである。

すしの由来

【なれずし】　米を使用した食品にすしがある。現在、アメリカ人のあいだですしを食べることがファッションとなっているが、アメリカで流行しているのは、酢で味をつけた飯を一口大に握ったもののうえに、魚のフィレをのせてつくった握りずしである。すしにはこのほかにもさまざまな種類があるが、これらの現代のすしは、いずれも飯とおかずが一体化した食べ物である。欧米でいえば、パンと肉や野菜を一緒に食べるサンドイッチのような食べ物であるといえよう。

しかし古代におけるすしは、現在のものとはことなる食品で、炊いた米飯のなかに塩をした魚を長期間漬けこんでつくり、なれずしとよばれる。

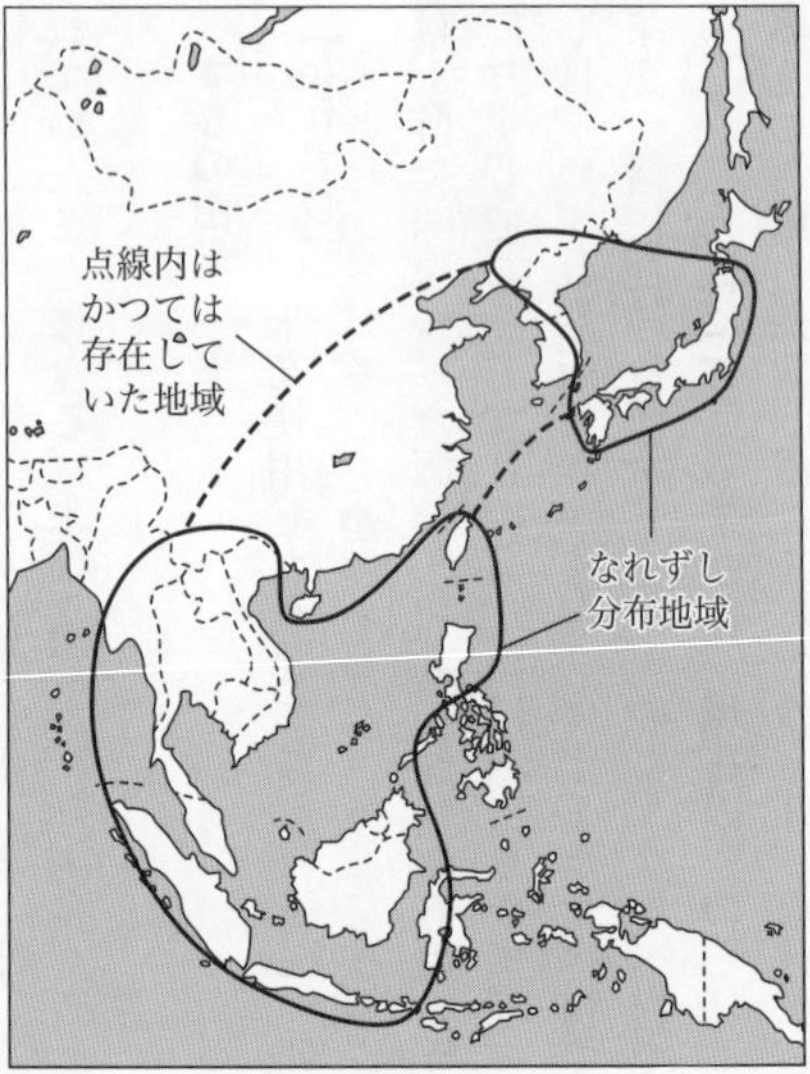

図11　なれずしの伝統的分布

この古代のすしのつくり方が、琵琶湖周辺にいまでも伝えられている。淡水産の魚であるフナに塩をしたのち、飯と一緒に木製の桶に漬けこむのだ。桶の底に飯を敷き詰め、そのうえにフナを並べ、さらにそのうえに飯をのせ、フナを並べる、というように飯とフナを交互にサンドイッチ状に詰め、内蓋をして、そのうえから重石をのせて数ヵ月保存する。

　すると、飯が乳酸発酵をし、酸っぱくなる。乳酸の作用によって他の腐敗菌の繁殖が妨げられるので、魚肉が腐敗することはなく、長期間保存可能な「酸っぱい魚」になる。このことから、すしの語源は「酸し」であるとの説もある。

　こうしてできた鮒《ふな》ずしは、スライスして生のまま食べる。米飯は分解してペースト状になっているので、飯は捨てて魚だけを食べる。酸味のほかにチーズのような独特の臭気があるので嫌う人もおおいが、食べなれた人にとっては酒のさかなに最上の食品だとされている。

　なれずしは、現在でも東南アジア諸国に分布している。文献資料で調べると、かつては中国でもなれずしが存在したが、現在では忘れられた食品となったことがわかる（図11）。なれずしはメコン川流域の水田稲作地帯で発明された食品で、それが中国の長江下流デルタに伝えられ、そこから水田稲作と一緒に古代の日本に伝来したものとわたしは考えている。(4)


【日本におけるすしの発展】　十五世紀ごろから、日本のすしは独自の発展をしはじめる。

アジアの民族のなかでは、日本人はせっかちであるといわれるが、われわれの祖先もそうであったようで、すしが熟成するまで何ヵ月も待つことが辛抱できなかったらしい。そこで完全に発酵するのを待たず、まだ魚が生に近い状態で食用にしはじめた。一～二週間漬けこんだだけで食べるようになったのだ。これを「生なれ」という。その状態では米はまだ分解していないので、魚だけではなく飯も一緒に食べることができる。そこですしは主食と副食が合わさったスナック食品と化したのである。

さらにすしづくりの時間を短縮するために、乳酸発酵でかもしだされる酸味のかわりに酢をくわえることによって、酢酸の酸味をつけた食品に仕立てあげる工夫がなされた。

それでも十七世紀までは、酢で味つけした魚と飯に、二～三日間重石をしてつくっていた。十八～十九世紀になると、さらに簡単なつくり方が流行するようになる。酸味をつけるのは飯だけとなり、魚は生のまま使用するようになったのだ。十八世紀末からは、酸っぱく味つけをした飯にワサビを塗った刺し身をのせてつくる、握りずしが好まれるようになったのである。

いっぽう、魚を使用しない各種のすしも考案された。すし飯に野菜や卵を混ぜてつくったバラずし、ノリですし飯と野菜を巻きこんだノリ巻きずし、油揚げを袋状にしてすし飯を詰めた稲荷ずしなどである。酢を利用して酸っぱい味つけをしたすし飯を材料にした食べ物すべてが、すしであるということになったのだ。古代の保存食品は、インスタント食品に変化したのである。

すし屋は客の顔をみてからつくりはじめ、一分もしないうちにすしを供してくれる。このような即席のスナック食は、人びとが忙しく働く都市の生活様式にあうものとして歓迎された。十九世紀初頭の江戸の街には、一町内に一軒以上のすし屋があったといわれる。

食事パターンの変化

日本経済の高度成長が顕著になってきた一九六〇年代から、日本人の食事のパターンは急速に変化した。その最大の変化は、米の消費の減少である。日本史上最大の米の消費がなされた年である一九六二年の国民一人あたりの米の年間消費量は一一七キロであった。ところが一九八六年には、七一キロに減ったのである。二十四年間に四〇パーセントも消費量が減少したのだ。それを、日本人がパンを食べるようになったためだと説明されることがおおいが、それは誤りである。

パンを日常食べるようになったのは、第二次世界大戦後にはじまるあたらしい風習である。統計によれば、現在、日本人の成人の四人に一人が朝食にパンを食べている。しかし、ごちそうを食べるときである夕食にパンを食べる者はほとんどいない。(5) 通勤や通学で朝がいそがしい都市型の生活様式が一般化したので、料理をしなくても買ってきたらすぐ食べられるパンが、簡便な朝食として採用されたのであり、日本人が米を嫌いになったからパンを食べはじめたというわけではない。

さきに、日本の食事の献立では、おかずの数がおおいほどごちそうとみなされるとのべたが、現在の日本人は経済的に豊かになったため、おおくの種類のおかずを楽しんでいるのである。胃袋の容量が一定だとするならば、副食をおおく食べるようになったぶんだけ、主食である米の消費が減少したのだといえる。

過去の、野菜のおかず一品と汁と漬物で構成された質素な食事にとってかわり、家庭の夕食には三〜五品の副食が供されるようになった。現在では、伝統的な野菜や魚にくわえて、肉や乳製品も食べている。日本料理のほかに欧米起源の料理や中国・朝鮮半島起源の料理も家庭でつくられる。これら外来の料理技術は、肉料理に適用されることがおおい。ながいあいだ肉食をしない習慣だったため、伝統的日本料理には肉を扱う技術が欠如していたからである。

肉を食べるようになったからといって、日本人が魚嫌いになったわけではなく、先進諸国のなかでは日本人は魚をいちばんおおく食べる国民である。一人が一日に約一〇〇グラムの魚を食べており、これは第二位のデンマークの二倍以上の消費量にあたる。

それでいて食物エネルギーの供給量は、旧西ドイツの三四五六キロカロリーなどにくらべて二六〇〇キロカロリーとかなり低く抑えられている。これは肉や乳製品の脂肪から摂取するエネルギーがすくないためである。ヨーロッパの食事でのメインディッシュにあたる観念がなく、オードヴルのように量のすくない副食物を品数おおく食べるのが望ましい食事であるとする伝統的観念があるので、経済的には肉をたくさん食べられる状態になっても、肉にかたよる食事にはならないのだ。

その結果、現在の日本人の食事は世界のなかでもいちばん栄養のバランスのよいものとなり、平均寿命が世界でいちばん高齢の民族となった。米さえ確保できたら最低の食事は保証されるという、主食偏重で、栄養学的には貧困な伝統的食生活が、経済上昇の結果、数おおくの副食物と米という組み合わせの食事に変化して、健康によい現代日本の食生活ができあがったのだ。

消費量は減っても、日本人が米を食べなくなるとは考えられない。飯がないと食事をした気にならないという人もおおく、アメリカ起源のハンバーガー・ショップでも、パンではなく飯を使用したライスバーガーなるものが売られているくらいである。

ところで、米があまるようになった現在では、米を神聖な食物とみなす観念はほとんど失われてしまった。かつては食事の前にちいさな器に飯を盛り、仏壇や神棚に捧げることがおこなわれ、食事は神仏や祖先たちと食事をともにする、日常生活におけるささやかな祭りとしての意義をもっていた。このようなしきたりを守る家庭は、現在ではほとんどない。

そのかわりに、かつては正月など特別な祭りのときにしか食べられなかった数々の料理を、ふだんの夕食に食べるようになった。つまり、神が不在の祭りの食事を、日常的に食べるようになったのである。

注（1）『昭和六二年度　食料需給表』による。

（2）縄文時代にも稲作があったことがわかる遺跡がいくつか発見されている。日本への稲作の伝来はただ一度だけのできごとではなく、中国大陸・朝鮮半島方面から何波にもおよぶイネの伝播があったと考えられる。しかしながら日本が本格的農業社会になるのは、弥生文化の開始期からであり、最近の学説によれば紀元前九〇〇年頃であるという。

日本および朝鮮半島南部の水田稲作は、長江下流地域から海路で伝えられたと考えるのが、わたしの説である。「日本稲作の系譜」『石毛直道自選著作集』第一〇巻所収、ドメス出版、二〇一二年。

（3）小山修三・五島淑子「日本人の主食の歴史」石毛直道編『論集 東アジアの食事文化』所収、平凡社、一九八五年。

（4）石毛直道／ケネス・ラドル（共著）『魚醤とナレズシの研究――モンスーン・アジアの食事文化』岩波書店、一九九〇年。

（5）ＮＨＫ放送世論調査所編『日本人の食生活』日本放送出版協会、一九八三年。

第7章　日本の食事文化——その伝統と変容

料理をしない料理

伝統的な日本料理を支えてきた日本人の料理思想には、他の文明諸国のそれとはいちじるしくことなる側面があるように思われる。西ヨーロッパや中国の料理に関する思想には、料理とは、そのままでは食べられないものを技術をくわえることによって食べられるものに変化させることであるとか、料理とは自然には存在しない味を創造することである、といった主張がつよいようである。

たとえば中国の広東人たちは、なんでも食べられるものに変化させることができる自分たちの料理技術を誇って、「足の生えているもので食べられないのは机だけであり、翼の生えているもので食べられないのは飛行機だけである」と豪語している。

それにたいして、伝統的な日本の料理に関する思想では、食品にくわえるべき技術は最小限にとどめ、なるべく自然に近い状態で食べるべきである、ということが強調される。「料理をしないことこそ、料理の理想である」というのだ。はなはだパラドキシカルな料理思想なのである。

そのような「料理をしない料理」の代表として刺し身がある。刺し身は生の魚肉を切ったものにワサビ醬油をつけて食べるだけのものであり、火熱をいっさい使用しない単純な料理である。握りずしもまた、飯の台に刺し身をのせただけのものであり、ワサビと醬油で食べる。

刺し身や握りずしは料理という名に値するかどうか疑問に思えるほどつくり方が簡単であるが、しかし日本人は刺し身をもっとも洗練された食べ物であると考えている。刺し身や膾《なます》の生魚料理は伝統的日本料理の王座を占めてきたものであり、上等な日本料理の献立から生魚料理を欠かすことはできない。

この単純極まりない料理のなかに、日本人がいだいている食物に関する観念や伝統のいくつかを読みとることができる。なぜ刺し身が日本人に好まれてきたのかについて、以下で考えてみたい。

季節を食べる

四つのおおきな島を中心に成立する日本の国土は、長い海岸線にとりかこまれている。北方からの寒流に乗ってやってくる魚と、南方からの暖流に乗ってくる魚の両方が合流する日本の沿岸は、世界有数の漁場となっている。日本人が食用とする魚の種類は多様であり、季節ごとにことなった回遊魚が得られる。また、比較的みじかい冬ととびきり暑い夏があり、そのあいだにながい春と秋があるという気候で、季節ごとにことなる多様な野菜が生産される。このような自然に恵まれた日本では、それぞれの季節ごとにことなる食物を入手することが可能である。

現在では、温室栽培によって夏の野菜が冬の食卓にのぼったり、冷凍技術の進歩によって一年中おなじ魚を食べることもできる。それでも日本人は、それぞれの食物がどの季節に食べられるべきであるかという、食物と季節の関連についての観念をつよくもっている。食物自体が季節を象徴しているのである。カツオが食卓に供されることで初夏の到来を知り、サンマは秋を象徴する魚とされてきた。

食物ばかりではなく、日本文化そのものが季節を重んじる性格がつよい。世界でいちばん短い詩である十七文字の俳句のなかには、季節を象徴することばがかならず入っていなければならない。そのためには万物を四季のいずれかに分類しておく必要があり、その手引書となる「歳時記」のなかでは、日本人の伝統的な生活に関する事柄が、食物や料理もふくめて、四季に分類して載せられている。

魚料理のランキング

伝統的日本料理においては、季節によってことなる多様な食物自体のもつ持ち味を賞味することに料理の力点が置かれ、自然にはない人工の味を創造することは「料理のしすぎ」として非難される傾向があった。料理をなるべくせず、人工的技術をなるべく排除して、それでも美味と感じるためには、材料そのものがよくなくてはならない。

われわれは魚料理の味を評価するとき、ソースのよしあしや料理の技術を批評する前に、その魚が新鮮であるかどうかをつねに問題にする。魚の鮮度に応じて「生で食え、焼いて食え、それでも駄目なら煮て食え」というくらいである。魚の鮮度が低くなるにしたがって料理の技術が適応されるのであって、鮮度のよい魚は最低限の料理技術である「切ること」と、最低限の味つけである醬油につけるだけ、つまり刺し身にして食べるのがよいとされるのである。

人類学者のクロード・レヴィ゠ストロース教授は「料理の三角形」ということをいっていて、その理論によると、「直火《じかび》で焼くという行為は食物を直接火熱にさらすことであるのにたいして、煮るという行為は、水と容器という二重の媒介物によって火熱と食物とを隔てている。文化というものは自然界と人間とのあいだの媒介物として作用するものであるから、火熱という自然界の現象に水と容器という二重の媒介物を通じて関係させる煮るという行為のほうが、直火焼きよりも文化的な行為である」ということになる。

そうすると、煮ることよりも直火焼きを、それよりも生の状態、自然のままの価値を重んじる日本人の魚料理にたいする観念は、反文化的な料理の価値体系をもっているということになる。

肉食と乳利用の欠如

われわれは魚好きの民族として知られているが、日本人が魚をごちそうとみなしてきたおもな理由は、われわれの祖先たちが一千年以上ものながい期間にわたって動物の肉を食用にすることをさし控えていたことによる。

原則として哺乳類の肉を食用とすることは禁じられており、鳥類もほとんど食用にしなかった。となると、動物性の食品としては魚介類を食べるしかない。

肉食を禁じたのは、動物を殺すことを禁じる仏教思想によるものである。六世紀に仏教が日本に伝来し、七世紀後半から約百年のあいだは、歴代の天皇たちは動物を殺すことを国民に禁じてきた。とくに八世紀になって、仏教を国教とし、仏教の理想にもとづいて国家を運営しようと試みられるようになると、肉食の禁止は国家の政策のひとつとなったのである。肉食をしないことが民衆のあいだにまで浸透するにはながい時間がかかったが、ついには民衆も原則として動物の肉を食べないようになったのだ。

おなじく仏教をとりいれた中国、朝鮮半島と比較すると、中国においては僧侶だけが肉や魚介類の食用を禁じられたが、民衆の日常の食事には肉食が許されていた。朝鮮半島では、日本とおなじく国民全体が肉食をしなかった時期もあるが、肉をよく食べる北方民族のモンゴル人王朝に征服されたことを契機として、肉食が復活した。しかし日本では、北方の狩猟民であるアイヌの人びとと、中国との関係が深くブタを食用とした沖縄の人びとをのぞくと、日本人の大部分は肉を食べないという食生活の文化をながいあいだもち続けてきた、世界でもまれな民族としてのこったのである。

この肉食のタブーが解禁となったのは、一八六八年の明治維新の頃からである。日本の代表的な肉料理とされるすき焼きも、約百年の歴史しかもたない、あたらしく考案された料理なのである。

家畜の乳しぼりをする慣行のある地域をしめした十五世紀頃の世界地図をみると、他の東アジアや東南アジアの諸民族と同様、日本人は乳しぼりをおこなわなかった地帯に位置する民族であることがわかる（図12）。したがって日本人の食生活には、家畜の乳を飲むこともなければ、バター、チーズ、ヨーグルトなどの乳製品も欠如していた。

バターを知らないし、肉の脂肪の味にもなじみがないので、油脂類を料理に利用することが発達せず、植物油は灯火用や化粧品などに古くから使用されていたものの、それを料理用につかうことはながいあいだ一般化しなかった。日本の揚げ物料理の代表であるてんぷらは、十六世紀にポルトガル人から伝えられた料理法を起源とするという説がある。

肉を使用しない料理法においては、強烈なスパイス類は必要ではない。魚料理における魚臭さを消すに足り、しかも食品のもつ自然の香りをそこなわない程度の香りをもつワサビ、ショウガや柑橘類、シソやミツバといったハーブ類が伝統的日本料理における香辛料である。いやな匂いは消さねばならないが、人工的な香りで食物自体の香りを殺してはならない。食物の味をひき立てる役割以上に香辛料が自己主張をしてはいけないとされている。

また、魚と野菜を相手にした料理においては、肉料理のように長時間煮こんだり、複雑な料理技術を駆使する必要もない。伝統的日本料理は短時間でつくることのでき

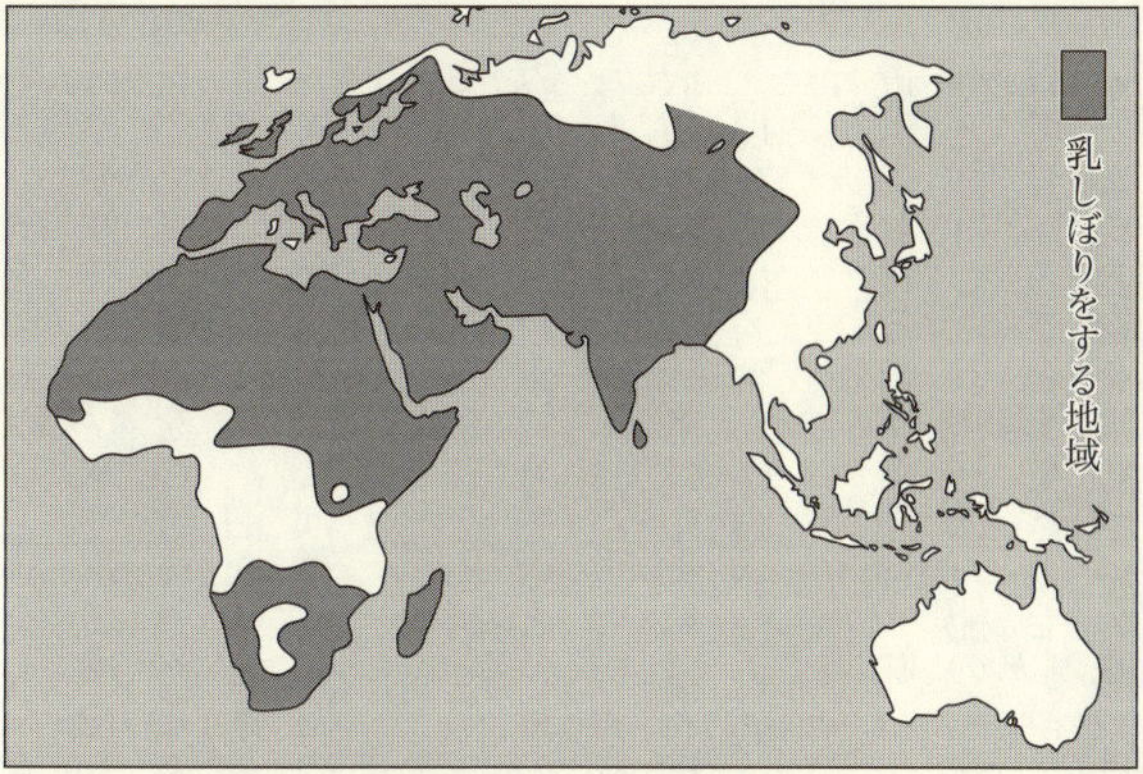

図12　15世紀における家畜の乳しぼりの分布図

る比較的簡単な技術のものがほとんどであった。

ダイズと調味料

乳を利用しなかったかわりに、東アジアにおいては「畑の肉」とよばれるダイズの利用がさかんであった。ダイズのたんぱく質を凝固させた豆腐は豆でつくったカードやチーズにたとえられる。肉を食用としなかった日本では、植物性たんぱく質の補給源としてダイズを使用したさまざまな食品が好まれてきたし、とくに魚を食べることさえも禁止されていた僧院においては、ダイズの料理が発達した。

十八世紀に刊行された料理書『豆腐百珍』には、およそ百種類のことなる豆腐の料理法が記されている。そのように数多い豆腐料理のなかで、もっとも好まれているのは冷や奴である。水や氷で冷やした豆腐に、おろしショウガやきざみネギなどの薬味を添えて、醬油をつけて食べるもので、つまりは豆腐を刺し身のようにして食べるわけである。豆腐の淡泊な味を楽しむには、この単純な食べ方がいちばんであるとされてきた。寒い季節には豆腐を温めて湯豆腐をつくり、おなじようにして食べるのである。

また、ダイズと穀類を原料として発酵させてつくった各種の調味料が東アジア各国にみられる。日本でも中国と朝鮮の影響でさまざまな発酵性調味料をつくることがおこなわれてきたが、日本人の味覚に合うものとして味噌と醬油というふたつの調味料に収斂《しゅうれん》された。味噌は中世には各種のソースをつくるための材料としてもちいられたが、現在ではおもに味噌汁にもちいる。醬油は十七世紀頃からつかわれるようになった。

近世における日本料理は、味噌のどちらかといえば重厚な味から、より軽い醬油の味へと移行した。醬油は万能の調味料としてもちいられ、刺し身のように食物に直接つけて食べることもできるし、酢、酒、辛子などと合わせてソースをつくることもできる。また食物を煮るさいの味つけとして鍋のなかにいれたりもする。現代の日本料理の八〇パーセント以上はなんらかのかたちで醬油を使用しているのだ。日本人はなんでもあたらしい食物をみたらまず醬油で食べてみるといわれるゆえんである。

だからといって、すべてが醬油の味に支配され、料理の種類はちがっても味は変わりばえがしないかというと、そんなことはない。西洋料理のおおくが塩、コショウで調味されているにもかかわらず、塩味とコショウの香りばかりではなく、個々の料理の持ち味が識別されるのとおなじように、日本人にとって醬油の味はいわばニュートラルな味であり、おおくの料理に醬油が使用されているのにもかかわらず、それぞれの料理の独特の味わいが賞味されるのである。

主食と酒

すでにふれたように、他の東アジアや東南アジア民族と同様に、日本人は食事を構成する食物を「主食」と「副食」というふたつのカテゴリーに分類する。主食のうちもっとも重要な食品は米であり、「飯」ということばはしばしば食事という意味にもつかわれる。

米は文字どおりの主食であり、人体にエネルギーや栄養をあたえるもっとも有効な食品であると考えられている。事実、コムギにくらべて米には人体を維持するに必要なアミノ酸類がバランスよくふくまれており、米を多量に食べたらカロリーが満足されるばかりでなく、他の食品からたんぱく質を摂取しなくても生きられる。そこで縄文時代のおわりに稲作が伝播して以来、米が日本人の食卓の主役でありつづけたのである。副食は飯を食べるための脇役、いわば食欲増進剤であった。

日本酒は米を原料としてつくられる。そして日本酒を飲む場合、正式には酒だけを飲むことはなく、種々の料理を食べながら飲む。飯と酒は同質的な食品で互換性があると考えられ、おなじ副食で飯を食べることもあれば、酒を飲むこともある。食卓の主役が飯になるか酒になるかのちがいで、副食はおなじなのである。十八世紀後半には都市に高級料理屋が出現するが、そこは飯を食べるためというよりは、むしろ酒を飲みながら料理を食べる場所であった。そこでこれらの料理屋で発達し洗練された高級料理というものは、酒のさかなとして考案されたものである。

配膳と盛りつけ

日本人の伝統的な食事においては、椀にいれた米飯と汁、皿や鉢にいれた一種類の副食が、食卓に供される食物の組み合わせの最小単位である。この基本的な料理の単位にくわえて、ごちそうになるほど汁と副食の品数が増加する。これらの料理は、個人用の膳に盛られて食事をする部屋に運ばれた。十六世紀後半に日本にやってきたイエズス会の宣教師は、「われわれヨーロッパ人の食卓は食物を並べる前から置いてあるのにたいして、日本人の食卓は食事のときになって食物をのせて台所から運ばれてくる」とのべている。

食卓において共通の器から食物をとりわけることはなく、すべての食物があらかじめ配給された配膳法であり、飯と汁だけがおかわりをすることが許された。

箸を使用して食べる習慣は中国に起源するが、日本においてはおそらく七～八世紀に普及したものと考えられる。そしてすべての料理は箸でつまめるようちいさく切って料理されるようになった。

食卓をかこんで座り、大皿に盛った食物を食卓で分配する習慣のある中国や、過去の西ヨーロッパの料理の盛りつけには、幾何学的で対称形の原理を重んじる美学がみられる。それにたいして日本料理の盛りつけは、非対称的な構図が重んじられる。日本の美学では対称形や幾何学模様はあまりにも人工的であるとして避けられる。また伝統的な個人用の食卓である膳では、つねに食べる者の視線が一方向に定まっているため、対称形にする必要もない。

日本料理の盛りつけには、抽象化した自然を表現しようという意図が働いている。

日本人の考える自然とは、アンバランスの美学に支えられたものである。ヨーロッパの庭園が対称形の構成をとるのにたいして、日本庭園は非対称的な構成をとる。伝統的な日本料理は、膳のうえに日本庭園をかたちづくろうとする哲学をもっている。

現在ではもはや日常の食事にちいさな膳を使用することはないが、すべての料理を膳にのせて一度にもってきた伝統を残して、一人前に盛りわけた多数の料理をあらかじめ食卓に並べてしまってから座につく配膳法もおこなわれる。食器は円形のものばかりではなく、一方向からの視線を意識してつくられたもの——たとえば扇形の皿——もあり、器のなかの盛りつけも非対称形であったり、奇数の盛りつけが重視されたりする。

包丁術の特殊化

材料自体の自然の持ち味に依存する傾向のつよい日本料理では、人工的な味を創造する方向に料理技術を駆使する試みはなされなかった。なるべく単純な料理法であることが重んじられ、味は醬油と味噌に全面的に依存していた。そこで料理をする者の腕のみせどころは、切ったり盛りつけたりする技術に向かったのである。美しく盛りつけるためには、食物をきれいに切らなければならない。そのため料理人の仕事のなかでいちばん重要な役割をはたすのは刺し身を切る係であり、それは料理長の仕事とされてきた。

プロの料理人たちは数種類以上のことなる包丁を料理によってつかいわける。家庭においても、かつては、魚をさばくための出刃包丁、専用の刺し身包丁、野菜を切るための菜切り包丁の三種類を備えておくのが普通であった。

また、世界の包丁のほとんどが両刃のものであるのにたいして、日本では片刃の包丁が発達した。これは魚料理、とくに刺し身をつくることが重視され、軟らかな魚肉をきれいな切り口をみせて切ったり、盛ったりするためには、力学的にも片刃のほうが合理的であるためだと考えられる。

伝統的日本料理においては、包丁をいかにうまく扱うかで料理人の腕前がはかられ、その腕前を披露する儀式——包丁式がおこなわれる。これは中世風の装束を身にまとって、人びとの面前で魚を切ってみせることで、この儀式をおこなった経験をもつと、料理人として人びとから尊敬される。

しかし、このような伝統的日本料理における洗練の追求は、不健康な傾向を帯びる危険性をはらんでいた。洗練の度合いがたかまるほど、「食べる料理ではなく見せる料理」になる可能性をもっているし、材料の持ち味に依存することは、その季節の材料の最上の部分をつかえる富んだ者と、そのような材料が入手できない貧しい人との料理の格差をおおきくするものであった。

事実一九五〇年代以前には、貧しい農民たちの食卓に刺し身が供されることはほとんどなかった。いちばん洗練された食物である刺し身を食べる機会はほとんどなく、ついで上等とされる焼き魚も毎日食べることはできなかった。農民の食卓で毎日食べられたのは煮物料理であり、それも魚ではなく野菜を煮たものがおおかった。

新たな展開

そのような傾向に歯止めをかけたのは、明治時代になって肉食が普及したことである。肉というあたらしい素材をとりこむことに、高級料理屋の料理人たちは消極的であった。プロの職人たちは、肉料理をとりいれて伝統的日本料理の体系を再編成しようとせず、自らを江戸時代末期の時点で凍結し、化石化することによって伝統を守ろうとしてきた。

それにたいして、家庭における日常の食事や街の軽食堂では、いままでの日本料理に欠如していた肉と油を使用した料理を貪欲にとりいれてきた。そのさいに、すき焼きのように新たに考案された料理もあるが、肉料理のモデルのおおくを欧米と中国に求めたのである。

明治以来、一世紀かかって外来の料理を吸収した日本の家庭の食卓は、現在では一見無国籍化しているようにみえる。食卓そのものもテーブルと椅子に変化したし、飯、汁、焼き魚などは一人前ずつ盛られて旧来の伝統を残しているものの、その他の料理は中国料理のように大皿に盛られることがおおくなっている。また、肉と野菜を炒めた中国風の料理と、ヨーロッパ風のオムレツがおなじ食卓に並んだりする。

しかし、中国や西ヨーロッパに起源する料理も、そのままのかたちで日本人の食卓に採用されているのではない。たとえばトンカツはヨーロッパ起源の料理であるが、ヨーロッパでは脂肪あるいはバターを少量つかって焼きつけるのにたいして、日本ではてんぷらの伝統にのっとって大量の植物油で揚げる。そしてできあがったトンカツは、箸で食べられるように切ってから皿に盛られる。

日本料理には醤油が万能調味料としてつかわれるように、西洋系の料理には日本流に変形したウスターソースが添えられるが、最近ではトンカツには専用のトンカツソースが添えられる。そして西洋風の酢で溶いたマスタードではなく、日本のカラシがつけられるのである。こうなるとトンカツはもはやあたらしい日本料理というべきであろう。

変化のモデル

現在の日本人にはパンを食べることも普及しており、とくに若い世代においては好んで食べられている。しかし、一回の食事にパンと米飯の両方を食べることはない。すなわち、パンは米飯に対応する主食と考えられているのである（図13を参照）。

パンがよく食べられるのは朝食においてであるが、パンとともに食べられるのはハムエッグ、バター、チーズなどの洋風の食物であり、飲み物もコーヒー、紅茶、ミルク、ジュースなど洋風のものである。すなわち、パンの供される食事は洋風の食物だけで完結するクローズドシステムになっている。

それにたいして米飯は、洋風、中国風のいずれとも結合が可能である。つまり、一見無国籍風にみえる現代日本人の食卓の献立は、でたらめな組み合わせによって成立しているのではなく、一定のパターンをもっているのである。外国起源の料理が日本人の家庭の食卓に定着するためには、米飯を食べるための副食物として味が合い、かつ箸でつまめるように料理されている必要がある。スパイスの使用も控えめでなければならない。もっとも、最近ではナイフ、フォーク、スプーンを食卓にそなえる家庭もふえてきている。

米飯の位置に酒を置き換えることもできる。日本料理では酒のさかなと飯の副食物はおなじであるが、早くからとりいれられたビールはこの点で酒と同様の飲み方がなされる。それにたいしてワインはながいあいだパンと洋風副食物のつくるクローズドシステムの枠を出ず、西欧の飲み物として一部の人びとに愛好されたにすぎない。しかしこの数年、ワインブームが進行し、人びとはワインが刺し身やてんぷら、すき焼きなどの味にもなじむことを発見しはじめ、一部の家庭では晩食の食卓にワインを供するようになった。すなわち、ワインはパンの位置から米飯の位置に移行しつつあるのかもしれない。

これは、一世紀にわたって外来の食事文化をうけいれながら日本人の食生活が変化してきた原理をしめす一例であるといえよう。

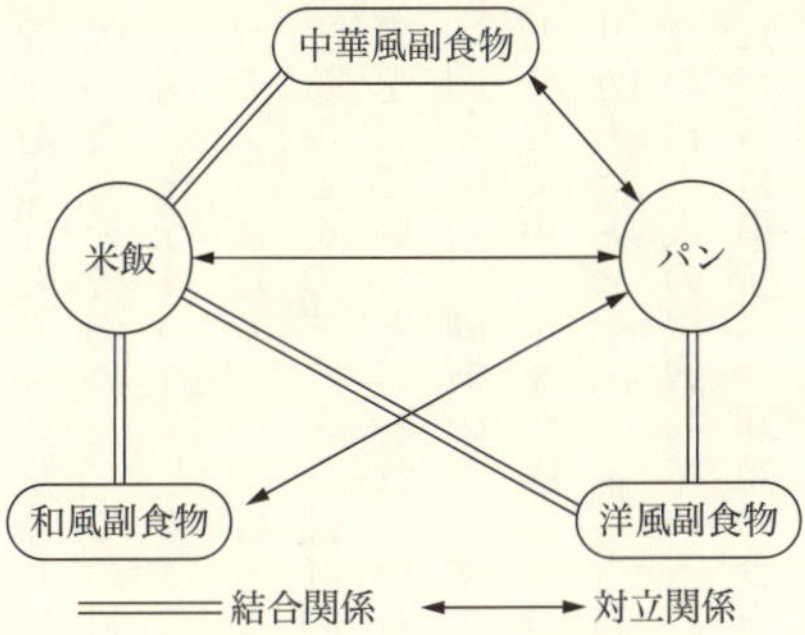

図13　主食と副食の結合関係をしめすモデル

栄養バランスのよい現在の食事

栄養面についていえば、伝統的な日本料理は米を中心とする穀類の炭水化物がおおく、動物性たんぱく質、とくに肉と油脂の使用を欠いたものであった。この日本料理の技術体系に欠けていた料理法を西ヨーロッパと中国からうけいれ、とくにこの三十年のあいだに、日本人は肉、バターなどをよく食べるようになり、いっぽうでは米の消費が減少した。そして現在、塩分が多少おおすぎることをのぞくと、統計的には日本人は世界でいちばん栄養のバランスのとれた食事をしているといわれている。

肉と脂肪、砂糖のとりすぎによる成人病に悩まされているアメリカでは、肉や油を減らして魚と米を食べるように政府がよびかけている。アメリカ政府が発表したアメリカ人にとっての「食事目標（dietary goal）」という栄養のバランスシートは、現在の日本人の摂取している各種栄養の割合とまったくおなじである。アメリカ人がこれから目指すべき理想の食事を、いまの日本人はおこなっているのである。

第8章　現代の食生活

敗戦後の食糧難時代は、ともかくも食糧の量を確保することに必死になっていたときであり、「増産」が合言葉であった。この時期には、主食中心主義の伝統的な日本人の食事パターン——つまり、食卓の中心は米の飯であり、副食物は食欲増進剤としての脇役でよいとする食事構成——への復帰の傾向がみられた。

米の生産額がながい戦争の時代に突入する以前の状態に回復したのは昭和三十年のことであるが、この頃から日本人の食事には、質的な変化の兆しがあらわれていた。昭和三十年代にはじまる高度経済成長によって、国民所得が増大するにつれて、質的な変化は急速に顕在化していった。そして、現在の日本人の食生活は、戦前とはまったくことなるものとなってしまっている。

文明諸国のなかで、日本人ほど短時間で国民の食生活が変化した国民はないといわれるほどである。

食生活の大変革期

食生活の変化を、まず、食物の面から追ってみよう。図14のグラフにみるように、米とイモ類の消費はいちじるしく低下している。すなわち、米とその代用食であったイモ類がすくなくなったことは、主食中心の食生活ではなくなりつつあることをしめすものである。日常の主食としては、麦飯や混ぜ物をした糅飯《かて》が消滅し、白米の飯、パン、麵類の三種が現在の主食となった。

副食物の食品でみると、従来の野菜、魚介類、ダイズ製品のおかずにくわえて、畜肉、卵、乳製品がくわわり、多様化の傾向がいちじるしいことがうかがわれる。伝統的日本料理は、油脂欠乏型の料理技術であった。油脂類の増加は、洋風、中国料理がよくつくられるようになったことをしめすものである。

このように、単なる食料の量の増大ではなく、食卓にのぼる食品構成の変化が起こったのであり、それは食生活の豊かさと多様化をしめすものである。

いっぽう、図15にみるように、豊かな食生活を楽しみつつもエンゲル係数は低下して、三〇パーセント台を割ってしまっている。他の食品にくらべて家計に占める穀類支出が低下していることは、やはり、日本人が主食中心から多様な副食物を楽しむ食生活へと変化した——おかず食いになったことをあらわすものである。また、外食費

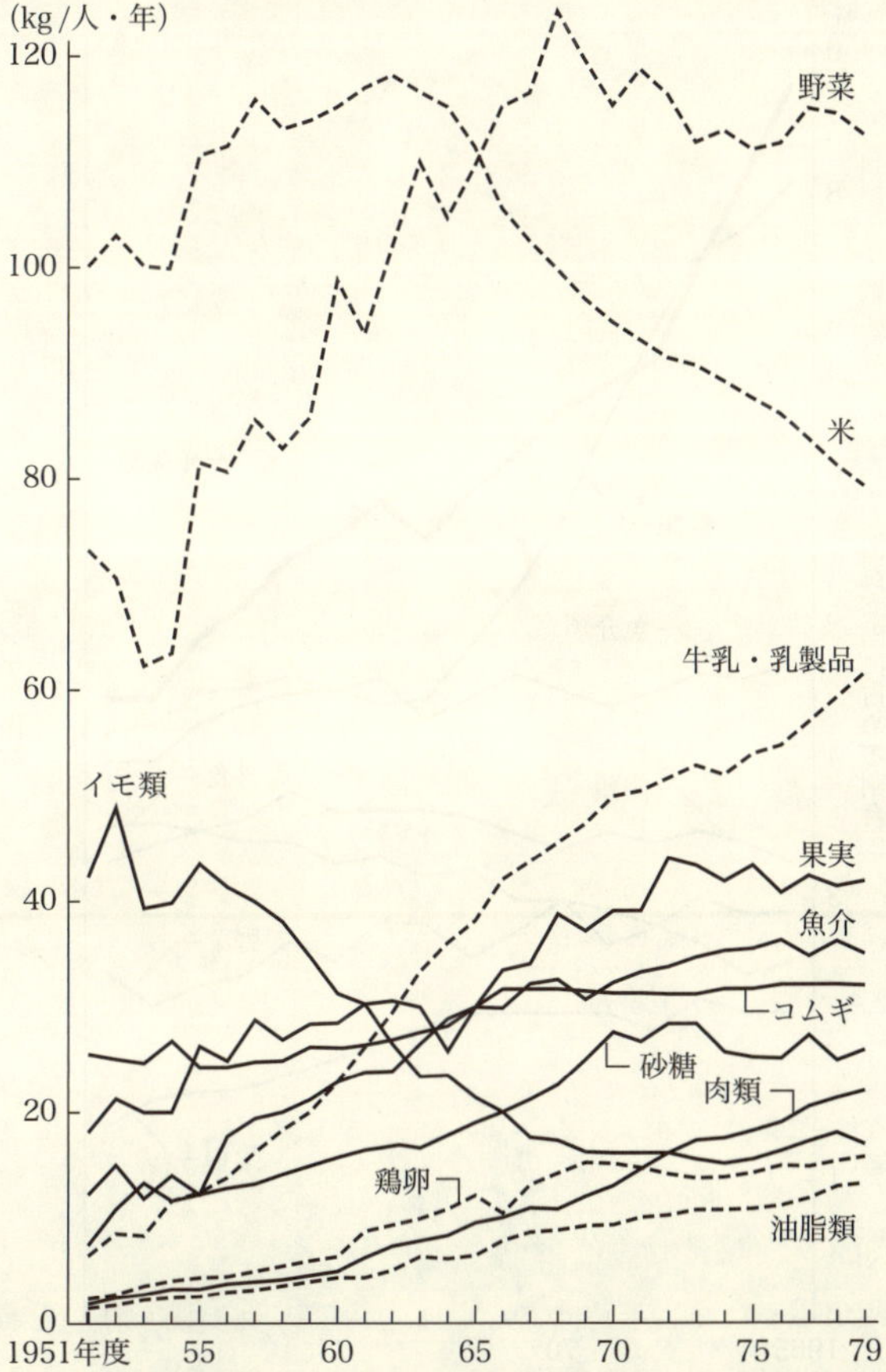

図14　主要食品の国民1人・1年あたり供給純食料（『食料需給表』農林水産省から）

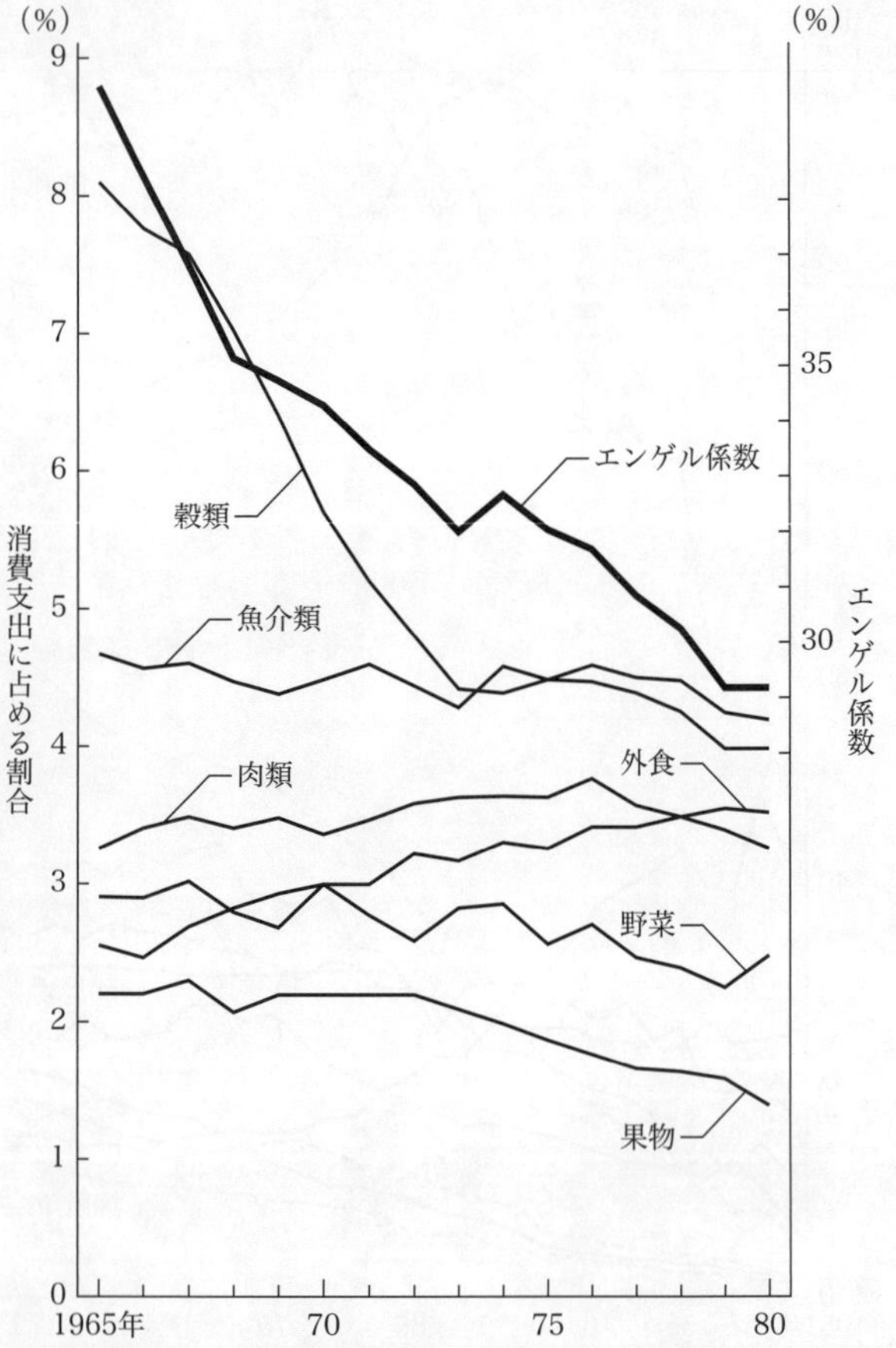

図15　主要食品の消費支出に占める割合の推移（社団法人食品需給研究センター編『日本型食生活の形成と定着を求めて』昭和57年3月から）

が着実に上昇していることが注目されよう。

食の社会依存化現象

このような大幅な食生活の変化を直接的に支えたのは、いうまでもなく国民所得の増大がおもな要因となっている。だが、それだけではない。将来の世界的食糧危機が警告されているが、まだ国際的に食糧資源にゆとりがあり、それを経済力にものをいわせて輸入することによって、現在の日本の食生活の豊かさは実現できたのであり、そのいっぽう、日本は農業社会の遺産をきりすてて、高度産業社会化することによって食糧自給能力をなくしてしまった。

また、核家族化の進行や都市型生活様式が全国をおおったことなどの社会的要因、食物や食事に関する価値観の変化などの文化的要因をみのがすわけにはいかない。それらの要因が相互に絡みあいながら、従来、原則として家庭を単位としておこなわれていた食生活に、家庭の外部にある社会の側への依存度が肥大する「食の社会依存化現象」とでもいうべき傾向がつよくあらわれている。

家庭内で料理する食品も、社会の側の台所である食品産業が料理したものや下ごしらえをしたものがおおくなり、家庭の食料消費の五〇パーセント以上が加工食品によって占められている。従来、家庭でつくられていた漬物や総菜類も外から買ってくることがおおくなった。

その意味で、デパートのデリカテッセン（高級洋風総菜）売り場は現代の食生活の趨勢《すうせい》をもっとも鋭く象徴しているといえよう。家庭へ持ち帰ればすぐに食べられるという極端な「簡便性」を帯びており、しかも料理自体は一流ホテルや高級レストランのアラカルトそのままであるという点で、「豪華さ」をも満足させてくれる。また、ホットデリカと銘打って、実際に料理をつくっているところをみせ、その場でできたての料理を味わってもらうコーナーもある。

いっぽう、昔ながらの「総菜屋」も健在で、下町の商店街の一角で、独自の食味を自慢しながら、佃煮や煮しめ、卵焼きやきんぴらなどを小規模にあきなって、近隣の多忙な商家の食事などに便宜をあたえている。最近ではこうした店でもスパゲッティやサラダなどの洋風総菜もそろえている。

日常の総菜ばかりではなく、デパートでは家庭でのパーティー用に鶏肉やアイガモをフォアグラで飾りつけたフランス料理も売られているし、年末には正月用のおせち料理セットも売られている。おせち料理は典型的なハレの料理であり、かつては最高のごちそうだったが、ハレの料理が日常化した現代では、かならずしもごちそうではなくなった。それでも正月にはおせち料理の味が懐かしくなるのだが、現代の若い主婦たちはその調理法をうけついでいない場合もおおく、市販セットが売り出されるのである。

このほか、ほとんど料理を必要としないインスタント食品や冷凍食品、レトルト食品への依存度もたかい。

社会の側の食堂である外食産業の成長はめざましく、世界第一のアメリカにつぐものとなり、巨大な産業分野となった。

なかでもファミリーレストランは、家族連れや夫婦ふたり連れなどが適当な価格とくつろいだ雰囲気で食事を楽しむ「レジャーとしての外食」要求にこたえて、一大ブームをひきおこした。

ファストフードの店も隆盛をきわめており、ハンバーガーなどの洋風ファストフードの店ばかりでなく、コンベヤーで運ばれてくる握りずしのなかから好みのものを選んで食べるといった、和風のファストフード店もある。

日常の家庭の食事にも洋風、中国風などのあたらしい料理技術がとりいれられ、従来は家庭内でおこなわれていた母から娘への料理技術の伝承の比重がすくなくなり、社会の側の施設である料理学校へ通ったり、社会的なメディアであるテレビや雑誌による技術の習得がおこなわれている。

料理の省力化が進むいっぽう、料理情報の氾濫に歩調を合わせて、料理の趣味化も進行している。変わった料理をつくったり、食べ歩きを楽しむ人びとがふえたし、食物について大人の男たちもさまざまな発言をするようになった。食物についてとやかく述べるのはいやしいとする禁欲型の人間像から、享楽型に日本人が変わってきたのである。そのことは、日本人が食事にかける時間がながくなったことをしめす統計によっても明らかである。食べることを時間をかけて楽しむようになったのである。

食に関する家庭内における道具立ても変わった。台所革命というべき現象がおこり、日本中の台所が、水道、ガス、冷蔵庫などを備えて、立ったまま仕事ができるようになった。また、食卓は椅子、テーブル式が主流となり、配膳もすべての食物を一人前ずつ盛り分けるのではなく、飯と汁以外のおかずは大皿に盛って直箸《じかばし》で取り合う方式に変化しつつある。

これらの変化が全国民の共有する食の様式として普及するに要した時間は短く、わずか一世代のあいだの出来事であった。しかし、現在の食の様式を構成するほとんどの要素は戦前からあったものである。明治時代に肉食をすることからはじまって、一世紀かかって情報として蓄積されてきた事柄が、日本の社会が経済的に豊かになったとき、一挙に実現した現象であると、とらえられよう。

第9章　日本人とエスニック料理

エスニックとはなにか

エスニックばやりであるという。実際に着ている人を街角でみかけることはあまりないが、ファッション界の先端では非西欧諸国の民族衣装にヒントをえたデザインがおおいという。欧米の音楽であるクラシックやジャズ、ロックなどにあきたらなくなった若者たちのあいだでインドや南米、アフリカ系の民族音楽が静かなブームとなっているそうだ。

週刊誌などによれば、料理でもエスニックばやりであるという。その、日本人がエスニック料理とよぶものは、いったいなんなのだろう？

わたしの専攻する民族学は英語でエスノロジーということからもわかるように、エスニックとは「民族的な」という意味のことばである。ことばの本来の意味からいえば、世界のすべての民族の料理がエスニックであるはずだが、いまはやりのエスニック料理といった場合には、特定の民族や国の食べ物をさしているようだ。日本人が

「民族的」と考える料理は、世界のなかのどんな国や民族のものであろうか。そのことを知るために、つぎのような簡単なアンケート調査をおこなってみた。

設問1「あなたはエスニック料理といわれるものを食べたことがありますか？
はい、いいえ」
食べたことがあると回答した人には、「食べたのは何料理か記入してください」

設問2「上の料理のなかから、あなたがエスニック料理と考えるものにマルをしてください」

設問3「上の料理のなかから、あなたが食べてみたいものに二重マルをしてください」（表2参照）

タイ料理	ケニア料理
アフガニスタン料理	フランス料理
トルコ料理	ギリシャ料理
ドイツ料理	ポリネシア料理
モロッコ料理	フィンランド料理
中国料理	ブラジル料理
フィリピン料理	朝鮮料理
ロシア料理	カナダ料理
ヴェトナム料理	ガーナ料理
メキシコ料理	台湾料理
イタリア料理	インド料理
エジプト料理	ペルー料理
ジャマイカ料理	インドネシア料理

表2　アンケート調査票

調査対象は身近なところに求め、わたしの勤務先である国立民族学博物館で働く女性たち三十人である。民族学博物館というエスニックに関係ある職場であるだけに、一般の人びとにたいする調査にくらべたらかたよりがあるだろうとは承知のうえのことである。

ただし、研究者は避け、事務のアルバイトなどに従う二十代の女性ばかりを対象とした。ほとんどが未婚で、大学あるいは短大卒の、俗に「独身貴族」といわれる階層の女性である。海外旅行の経験者もおおく、エスニック料理店に興味をもちそうな人びとだし、一般の人びとを対象として聞いた場合に予想される「エスニック料理というとばなんて知らない」という反応はまず出ない被調査者たちである。

例数もすくなく、かたよりのある小集団を対象にした結果であるので、おおげさに、調査と名づけるほどのことでもない。それでも、エスニック料理なるものに人びとがいだくイメージをいくらかでも具体的に知ることができるだろうと考えたのである。

アンケートの結果

設問2は「エスニック料理らしさ」の度合いを調べようとこころみたものである。三十人のうち十六人がインド料理とジャマイカ料理をあげたのを筆頭に、二位がインドネシア料理、三位にはタイ料理、アフガニスタン料理、モロッコ料理、メキシコ料理、ガーナ料理、ポリネシア料理が肩をならべる……といった結果である（くわしくは表3）。

こうしてみると、欧米と中国、朝鮮半島の料理は、人びとがエスニック料理と考えるものの上位には姿をあらわしていない。東南アジア、インド、西アジア、中近東、アフリカ、中南米の第三世界の料理がエスニックであると認識されている。それは、料理にかぎらず、一般に日本人がエキゾチズムを感じる地域をしめすものでもあると解釈してよいであろう。

設問1の「食べたことのあるエスニック料理」はインド料理をあげたのが十七人、以下、メキシコ料理、インドネシア料理の順である（表4）。

設問3の「食べてみたい外国料理」は一位エジプト料理、二位がケニア料理とヴェトナム料理、フィンランド料理……の順となる（表5）。このなかに、エスニック度の希薄なフィンランド料理、ギリシャ料理があらわれることが注目される。ヨーロッパのなかで、この二国は日本人にとってなじみがうすく、それだけに好奇心の対象となっているのだろう。

これらの結果を総合してみると、欧米先進諸国の料理はエスニック料理と認識され

順位	料理名	人数
1	ジャマイカ料理　インド料理	16
2	インドネシア料理	13
3	タイ料理　アフガニスタン料理 モロッコ料理　メキシコ料理 ガーナ料理　ポリネシア料理	12
4	ペルー料理　トルコ料理	11
5	フィリピン料理　ヴェトナム料理	10

表3　エスニック料理らしさの順位（5位まで）

順位	料理名	人数
1	インド料理	17
2	メキシコ料理	11
3	インドネシア料理	7

表4　食べたことのあるエスニック料理（3位まで）

順位	料理名	人数
1	エジプト料理	11
2	ケニア料理　ヴェトナム料理 フィンランド料理	9
3	タイ料理　インドネシア料理 アフガニスタン料理　トルコ料理 ギリシャ料理　モロッコ料理 ペルー料理　ポリネシア料理	6

表5　食べてみたい外国料理（3位まで）

ていなくて、また、日本で食べる機会のおおい中国、朝鮮半島の料理もエスニックとは認めがたい、というのが一般的な意見であるもののようだ。すなわち、発展途上国の料理がエキゾチズムをそそり、それがエスニック料理の本流と考えられている。そのなかでよく食べられているのがインド料理、メキシコ料理、インドネシア料理であり、そのことは、それらが日本でいちばんおおいエスニック料理の店であることをものがたっている。

だれを顧客とするか

エスニック料理店をのぞいてみると、お客にはその国の人はすくなく、ほとんどが日本人客である。商社関係の仕事など、その国をよく知っていそうな客もすこしは見うけるが、おおいのは若者たちのようである。カフェバーの顧客にも共通するような客筋がおおいものとふんだ。なかには、その国にいったときの体験談を仲間たちに語りながら食事をする者もいる。

どうやらエスニック料理は、その料理がおいしいから食べるというよりは、好奇心の対象として食べられているもののようだ。食物そのものの味にひかれてよりも、エキゾチックな雰囲気を楽しむために訪れる客もおおいようで、店のほうでも民芸品などを飾りたてて、お客の期待にこたえている。

それは、外国人居留民に故国の味を提供するものとして成立したヨーロッパやアメリカの大都市におけるエスニック料理店とはまったくことなる顧客層を想定して発生したものである。

一般に世界の大都市というものは、そのなかにいくつものことなる民族集団をふくんでいるのが普通だ。異民族の混住なしに成立した日本の大都市は世界のなかでは例外である。

ロサンゼルスでは、東アジアの民族の居住地域としては、第二次大戦以前から日本人のリトル・トウキョー、中国人のチャイナタウンが形成されていたし、最近人口の増加がいちじるしい韓国人はオリンピック通りに集中して韓国人街を形成している。

十九世紀末からリトル・トウキョーに日本料理店が出現し、一九四〇年には五十六店にまで増加したが、これらの日本料理店にアメリカ人の客が食べにくることはなく、ロサンゼルスに住む日系人や、南カリフォルニアの農場で働く日系人が故郷の味を楽しむためにやってくるところであった。アメリカ人にとっては日本料理は、ながいあいだ日系人だけが食べる食事であった。すしに象徴される日本食ブームがおこり、一般のアメリカ人がエスニック料理のひとつである日本料理店に出入りするようになったのは、一九七〇年代後半になってからのことである。[1]

このロサンゼルスの日本料理の例のように、エスニック料理店というものは異国に住む人びとに故国の食事を供するものとして出発するのが普通である。多民族国家であるアメリカの大都市にはそのような店がたくさんある。表6はサンフランシスコの職業別電話帳にのっている各国料理店をあげたものである。電話帳のレストランの項

国名	軒数	国名	軒数
アメリカ	38	韓国＝朝鮮	4
アラブ	1	レバノン	1
アルメニア	2	メキシコ	43
ブラジル	1	モロッコ	5
中国	64	ニカラグア	1
クレオール*	1	ペルシャ	2
キューバ	3	ペルー	1
チェコスロヴァキア	3	フィリピン	5
イギリス	3	ポーランド	1
フランス	46	ポルトガル	1
ドイツ	2	ポリネシア	1
ギリシャ	7	ロシア	5
ハンガリー	1	ソウルフード**	
インド	4	(アメリカ料理に含まれる)	
インドネシア	4	スペイン	5
アイルランド	1	スウェーデン	1
イタリア	54	スイス	5
日本	32	タイ	4
ユダヤ	1	ヴェトナム	11

表6　サンフランシスコの電話帳イエローページ（1980年版）の各国別料理分類

＊カリブ海地域の白人、黒人、先住民の混交料理。

＊＊アメリカの黒人料理。

は各国料理別に分類されて、国別の目次までついている。とりたててエスニック料理とさわぐまでもなく、さまざまな民族の料理店があるのが、大都市としてはあたりまえである国柄をしめすものである。

いっぽう、現在の日本におけるエスニック料理は、日本に住む外国人を対象としたものではなく、日本人の顧客を相手につくられるものがほとんどである。やむにやまれぬ必要に応じて成立したものではなく、「食のファッション化」とでもいうべき世相が生みだしたものととらえられよう。

わが国で、日本人以外の民族の食事として成立した本来のエスニック料理があったのは神戸、横浜、長崎の港町であった。中国人街のあった長崎、神戸、横浜の中国料理と、朝鮮半島の人びとのおおい大阪の猪飼野《いかいの》周辺に起源する韓国＝朝鮮料理は、「食のファッション化」という皮相的な次元をこえて日本人の食生活に定着したが、あまりに身近な存在になったために、もはやエスニック料理とは人びとに認識されないようになってしまったのである。

価値の多元化時代に

エスニック料理とともに「激辛ブーム」とよばれる現象が生じた。さきの調査で、エスニック料理らしさの度合いの一、二位にインド料理、インドネシア料理が登場することからみて、スパイシーな料理であることがエスニックの特徴であるという感覚があるようだ。激辛は、そのエスニックらしさを増幅するものとして機能しているもののようだ。本国での味よりも強調された辛さを売りものにしている店があるそうだ。

激辛はその味が好きだということよりも、それほどまでに辛いものを食べたという話題を提供するために食べられているふしがある。つまり、食の本質にかかわる部分ではなく、食にまつわる情報として激辛がもてはやされるのであり、これも「食のファッション化」を象徴する現象としてとらえられる。激辛とむすびつくエスニック料理は「食におけるキッチュ・ファッション」とでもいうべきか。

わが国のエスニック料理の店は巨大都市にしかなく、それに興味をしめす人の数もかぎられている。いまのところ、あたらしもの好きのマスコミがもちあげた流行の段階にある……とかたづけてしまえばそれまでのことではある。だが、いささか浅薄なこのエスニック料理の背景にあるものを深読みすることも可能である。

とうぜんのことながら、日本人が国際化したことと、エスニック料理の流行は密接な関係をもっているはずだ。それも、欧米の文化との関係において世界をながめていた時代がすぎて、第三世界にもわれわれの目がむくようになったからである。これらの地域に人びとが旅行をするようになったから、これらの料理店がふえたのである。さきにのべたように、海外旅行の体験の反芻《はんすう》としてやってくる客もけっこういるようだ。

そして、衣服や音楽におけるエスニックの流行もあわせて考えてみたとき、欧米文化を規範とした一元的価値観が神通力を失い、世界を等距離でながめようとし、多元的価値を認めようとするものに日本社会が変わりつつあることをしめす現象のあらわれとも考えられよう。

明治のはじめに牛肉を食べることが文明開化の象徴とされたように、われわれは胃袋を通じて世界の文化を吸収しようとする民族なのである。

注（1） くわしくは左記の文献を参照されたい。
石毛直道・小山修三・山口昌伴・栄久庵祥二『ロスアンジェルスの日本料理店――その文化人類学的研究』ドメス出版、一九八五年。

III 食べ物からみた世界

第10章　世界の米料理

稲作をしない地帯へも米食の習慣はひろまりつつある。たとえば、太平洋のミクロネシアの島々での伝統的主食作物は、タロイモ、ヤムイモ、パンノキの実である。しかし、日本の統治時代に米の味をおぼえた島民たちは、現在でも金があれば日本あるいはカリフォルニアから輸入した米を買って、日本から輸入した羽釜《はがま》で炊いた飯を食べる。「なぜ、米を食べるのか？」と質問すると、「うまいから」というほかに「料理が簡単だから」という答えがかえってくる。

精白した米さえ入手できれば、あとの料理は簡単である。水分をくわえて加熱しさえすれば食べられる。長時間かけて発酵させてパンにしたり、麵に加工して食べたりする手間のかかる粉食にくらべて、粒食を主とする米の料理は手軽にできるのである。イネが単位面積あたりの生産効率のよい作物であるとか、食べたときの味がよい、といった理由のほかに、料理が簡単であるということも、米食が世界に普及した理由として考慮にいれなくてはならないだろう。

もち米の料理

もち米が栽培されるのは、東南アジア、東アジアにかぎられる。うるち米のでんぷんがアミロースとアミロペクチンから構成されているのにたいして、もち米のでんぷんはすべてがアミロペクチンである。アミロペクチンは炊いたときに糊化の速度が速く、粘性がつよい。そこで、水をくわえて煮る炊き方をすると、熱を先にうけた鍋底の部分の米粒だけが早く糊化してしまい、コロイド（膠質）状の糊になったでんぷんが鍋のなかに回って、対流をさまたげる。そのために鍋底は焦げつき、熱の回りの悪い鍋の表面近くの米粒は生煮えになってしまう。炊きおこわはつくるのがむずかしく、一升（一・五キロ）以上の分量を炊くのは無理といわれるゆえんである。

だが、あらかじめ水分を吸収させたもち米を蒸す方法をとれば、米粒の間を蒸気が通り抜けて加熱するので、むらなくアルファ化することができる。

中国の雲南省、広西省の一部、ラオス、タイ北部、ミャンマーのシャン州、カチン州の一部、インドのアッサム州東部などインドシナ半島山岳部を中心とする地帯はもち米を常食としているが、そこはまたジャポニカ種のイネの原産地であるともいわれている。この地帯ではもち米を甑《こしき》で蒸す方法がおこなわれている。古代の中国や、古墳時代から平安時代にかけての日本でも米は蒸して食べることが一般的であったが、その米がもち米であったかうるち米であったかは、はっきりしない。あるいは、初期の稲作においてはもち米の占める比重がたかく、それを蒸して食べる風習がのこったものであるとする可能性も否定できない。

日本では行事のさいにおこわがつくられるし、朝鮮半島でも結婚式や正月、還暦、誕生日などの慶事には、味つけをしたおこわである薬飯《ヤッパ》がつくられる。薬飯は別名を薬食《ヤクシク》といい、吸水させたもち米を蒸したものに、干しナツメ、クリ、ゴマ油、蜂蜜、ニッケイ(肉桂)、醬油、黒砂糖、カラメルソースを混ぜて、もう一度蒸してつくる。できあがったら松の実をふりかける。甘く香りのよい味がする。

東アジア、東南アジアにおいて、もち米が行事食につかわれることは、うるち米にとってかわる以前にもち米が重要な作物であったことをうかがわせるのである。

東南アジアでは黒いもち米が栽培される。これは粒のまま、あるいは吸水させてから回転式の石臼ですりつぶす湿式製粉したものにヤシ砂糖とココナツミルクを混ぜて、大鍋にいれて炊いてケーキに加工される。糊化速度の速いもち米のことなので、たえず力をこめて鍋のなかをかき回さねばならないため、つくるのが大変であるといわれるが、もともとは行事食であり、現在は市場で菓子として売られている。

もち米を植物の葉でくるんでちいさな包みにして煮ると、対流をさまたげることなく加熱することができる。これが粽《ちまき》の原形であり、同様の原理のものは東南アジア各地にみられる。粽の本場は中国南部であるが、海外に進出した中国人は南部出身者が多いので、世界中のチャイナタウンで粽が売られるようになったのである。日本の粽は菓子化したものが一般的であるが、中国の粽は粒状のもち米のなかに肉や野菜などをいれてつくったもので、端午の節句には欠かせない料理であるが、ふだんの日でも軽食として食べられる。

また、竹筒にもち米、あるいはもち米にうるち米を混ぜたものをいれ、ココナツミルクか水を注いでから栓をして、焚き火にかざして焼く竹筒飯（タイ語でカオ・ラーム）が、東南アジア各地でつくられる。炎が竹筒の底から上部まで回るようにすれば、直径のあまり太くない竹筒なら全体に熱が回って炊ける。これを割ると、円筒形にもち米がきっしりとくっつき合った外郎《ういろう》のような食べ物になる。

湯取り法と炊き干し法

うるち米も蒸して料理することができるが、時間がかかるし燃料がかさむ。それでも、客家《ハッカ》系漢族の中心地である中国・広東省東北部では、ちいさな茶碗に米と水をいれて蒸籠《せいろう》にいれて蒸しあげる、茶碗蒸しとおなじような飯炊きがおこなわれることがある。

中国でも、日本でも、集団給食のさいには一人前ずつの容器に米と水をいれて、ボイラーの蒸気で蒸しあげることがおこなわれる。大勢の人びとに給食する場合には、盛る手間がはぶけて効率的である。

米の量にたいしてくわえるべき水の量を一定に調節して鍋にいれ、沸騰させたのち、火を弱くして焦げつかせることなく水分を米のなかに吸収させてしまう、日本式の飯炊き法を「炊き干し法」という。これにたいして、大量の水で米を煮たあと、ねばをふくんだ湯を捨ててしまってから蒸らす炊飯法を「湯取り法」という。湯取り法のほうがさらさらとした感触の飯になる。インドネシアではねばをふくんだ湯を捨てたあと、生煮えの米をククサーンとよぶ円錐形をした竹籠にいれて、深鍋のうえであらためて蒸す。湯取り法と蒸すことが結合しているのである。

中国・四川省重慶郊外の農家で聞いた例では、日常の食事は炊き干し法であるが、多数の客を招いた食事のときは、湯取りした米を甑《こしき》にいれて蒸すという。前者を焖鍋《メングオ》飯《ファン》、後者を鎮子飯《チェンズファン》といい、鎮子は甑のことである。燃料を節約するため、あるいは小家族化によって大量の飯を炊かなくてもよいようになって、炊き干し法が中国や東南アジアでも近年さかんになってきたようである。

炊き干し法と湯取り法の分布圏を定めることはむずかしい。おおまかにいって中国北部、東南アジア大陸部、インドでは、湯取り法が優勢であるといえよう。しかし、将来は自動炊飯器の普及によって、炊き干し法の原理による飯炊きが世界をおおうようになりそうである。

湯を捨てずに大量の湯のなかに米が泳いでいる状態にしておいたら粥《かゆ》になる。中国南部では朝食に粥を食べることが知られているが、わたしが広東省の農家で聞いた話では、粥腹では力が出ないので、農民は朝から飯を食べることがおおいとのことであった。

西方では油脂と塩で調理

米の再加工としては中国料理の炒飯、インドネシア料理のナシ・ゴレンのように油脂をくわえたり味つけをすることがある。また、インド、東南アジアでは、油脂をふくむココナツミルクで米を炊いたココナツライスがある。しかし原則として、東アジア、東南アジアにおいては、常食とする米飯は味つけ、色づけ、香りづけをしないプレーンライス（白飯）である。インドではプレーンライスも食べるが、米に油脂、塩味、香辛料をくわえ、色づけをした米料理がつくられる。牧畜という生活様式にともなう乳の利用の有無によって東南アジアとインドの食生活がことなるように、米の料理の仕方でも、インド以西と、東南アジア、東アジアは異質なものになっている。南インドではむしろプレーンライスが主流であるのにたいして、西アジアとの関係がつよかった北インドではプラオ pulao とかビリヤーニといわれる米料理が優勢になる。プラオというのは、米と野菜、豆、肉などを油脂で炒め、香辛料や塩で味つけをして炊いたもので、「一碗の飯」を意味するサンスクリット語のプラーカ pulāka に由来する。

ペルシャ語でもプラオとよばれるが、トルコ語ではピラウ pilav という。トルコのピラウは米その他の雑穀をバターで炒めてから炊いた料理のことで、肉や野菜などの具の入らないものもある。これがヨーロッパに伝わってピラフとなった。

バルカン諸国には米と肉、みじん切りの野菜類をキャベツやブドウの葉で包んで煮るサルマーレ sarmale という料理がある。国によりサルマ、サルマーレ、ドルマなどとよばれるが、この地方を長年支配していたオスマン・トルコの影響でつくられるようになった料理である。

プラオの系統の米料理はアラブ人によってイベリア半島にもちこまれて、パエーリャ paella となった。パエーリャはパエリエラという専用の平たい鉄鍋をつかった炊きこみご飯で、野菜、肉、魚介類など炊きこむ材料に応じて数おおくのヴァリエーションがある。米と具をオリーヴ油で炒めてから味つけをして炊くのが原則で、サフランをつかって黄色く染めあげる。イベリア半島のサフラン栽培は、米の栽培と同様にアラブ人が伝えた。

さらにこれがアメリカ南部に渡ってジャンバラヤ jambalaya というクレオール料理になった。ニューオーリンズの名物料理であるジャンバラヤは、米、香味野菜、ベーコンなどを炒め、トマト、ハム、エビなどをくわえて炊きあげる。ニューオーリンズがスペインの支配下にあった時代に成立した料理である。

いっぽう、十四世紀初めにイタリアのポー川流域で稲作がはじまり、イタリアではさまざまなリゾット risotto 料理が開発された。リゾットはオードヴルのつぎに供され、コースの二番目、スープやパスタ類とおなじ位置に置かれる。肉や野菜などさまざまな材料をブイヨンで炊き込んだ米料理であるが、米を完全に軟らかくなるまで煮てはならず、歯ごたえの感じられる芯のある状態で食べるのがよいとされる。汁気の多い粥状に加工したものがおおいが、味つけ飯ということではやはり西方の米料理の系統のものである。

稲作をしない北西ヨーロッパになると、米はバターライスなどのように肉料理の添え物として、野菜の位置に置かれる。また、菓子としてライスプディングにつくられたりする。

米のスナック

日本のように蒸したもち米を搗《つ》いて主食や菓子にする風習は、中国、東南アジア半島部に点在するだけで、米から菓子類をつくるさいには粉にしてから利用するのがアジアでは一般的である。

フィリピンにはプト puto という、もち米を原料とした蒸しパンがある。もち米をひと晩水に漬けて湿式製粉する。そのさい、パンダヌスの葉を一緒にいれて石臼で碾《ひ》くとほのかな緑色に色づき、香りもよい。碾《ひ》いてどろどろになったもち米のペーストに砂糖とふくらし粉を混ぜ、缶詰の空き缶を利用した型にいれる。これを金属製の蒸籠に並べて蒸しあげる。

中国には、炊きあげたうるち米を軽く搗《つ》いて板状にし、長方形に切って油で揚げた餈飯糕《ツーファンガオ》があり、軽食として食べられる。中国南部では湿式製粉したもち米を蒸して餅状にしたものを正月に食べる風習があり、これを年糕《ニエンガオ》という。

コムギ地帯をはずれた中国南部では、米の粉からさまざまな麵類をつくる。福建省の米粉（ビーフン）もその例である。華僑の進出とともに米の麵は東南アジア全域にひろまっている。たとえばフィリピンのパンシット＝マラボンpansit-malabonは米の粉にコーンスターチをいれた麵の料理で、マニラ郊外の漁港マラボンの名物料理である。ゆでた麵にちいさな貝やエビ、ゆで卵やブタ肉を刻んだものなどを混ぜ、魚醬をベースにした汁であえて供する。

糒《ほしいい》や焼き米は過去におけるインスタント食品であったが、現代では工業化されてアルファ米やポップコーン状の米が売り出されている。缶詰やレトルト食品として、米料理を社会の側の台所である食品産業がつくりだすようになってきた。そのような工業製品の米料理としてアメリカで発達したのがライスフレークである。米をコーンフレーク状に加工して紙箱にいれて売っている。牛乳と砂糖をかけて朝食に食べるのである。

第11章　すしの履歴書

握りずし全盛時代

アメリカ人の日本文化研究者と、すしについての会話をかわしたときのことである。話の内容がうまくかみあわない。よくよく聞いてみたら、その人は刺し身を握り飯のうえにのせたのが、すしの起源だと思いこんでいたのであった。すしといえば、握りずしをさすようになった現在では、日本人でもおなじように考える人がおおいであろう。

江戸＝東京を起源地とする握りずしが全国制覇をしたのは、二十世紀になってからのことである。とくに、外食での米の使用が認められなかった戦中・戦後の食糧難時代の統制経済のもとで、現在の握りずし全盛時代の基礎ができたのである。その頃、すし屋に米をもってゆき、加工賃を支払うと、握りずし五個と巻きずし五切れを一人前として交換するという政令が施行された。東京のすしを基準につくられたこの法律のために、全国のすし屋が握りずしをつくるようになったのである。それでも、金沢のかぶらずし、富山の鱒《ます》ずし、秋田のハタハタずし、滋賀の鮒《ふな》ずし、和歌山のサンマずし、めはりずし、柿の葉ずし、志摩の手こねずし、岡山のばらずし、鹿児島の酒ずし、西日本各地の鯖《さば》ずしや箱ずし……など、各地に郷土の名物ずしが健在である。また、ノリ巻きずし、稲荷ずし、五目ずしは、家庭でもつくるすしとして全国的に普及している。

すしとはなにか

こうしてみると、すしの材料には魚を使用するものがおおいが、稲荷ずしのように植物性の材料だけのすしもある。握りずしやノリ巻きずしのように手づかみで食べられるすしもあるが、五目ずしのように箸で食べるすしもある。鮒ずしのように長期間熟成させてから食用にするすしもあれば、すし屋での握りずしやノリ巻きずしのように、客の顔をみてからつくるファストフードとしてのすしもある。

全国にさまざまなすしがあるが、すしという名でよばれる食べ物に共通する性格はなんだろう。

いくつかの例外はあるが、たいていのすしに共通することは、ご飯とおかずが一緒になった食べ物で、すでに味つけがしてあり、それだけで食事がすませられるものだということである。すしにつかう米飯は、酢をきかせた「すし飯」である。握りずしが、握り飯に刺し身をのせたものではないことは、酢で味つけをした飯を使用することにもとめられる。五目飯と五目ずしのちがいも、酸っぱいご飯かどうかにかかわっている。

すしの語源は「酸し」ということばに由来するという説もある。となると、すしの基本的性格として、酸味をつけた米飯を使用した食品であることを欠かせないということになる。

なれずしにはじまる

すしとは、すし飯を使用してつくったスナック食品である、という定義をもうけることによって、現代のすしのおおくを説明することができるであろう。しかし、この定義では「なれずし」をうまく説明することができない。

日本のすしの歴史を調べていくと、なれずしに到達する。古代、中世において、すしといえば、なれずしのことであった。室町時代以降になって、なれずしから派生したさまざまな新種のすしが出現し、現代では本来のすしが忘れられかけた食品となり、わざわざ「なれ」ずしとことわらなければならないことになった。

「なれずしとは、主として魚介類を主原料として、それに塩と加熱したでんぷん――普通は米飯――を混ぜることによって、乳酸発酵をさせた保存食品である」。こういう定義をしておけば、日本だけではなく、アジア各地のなれずしを説明することが可能になる。

琵琶湖周辺の鮒ずし、和歌山のサンマのなれずし、岐阜のアユのなれずしなどが、現代にのこる日本のなれずしの代表である。ここでは、鮒ずしを例にとって説明しよう。

琵琶湖でとれるニゴロブナとゲンゴロウブナを四～六月の産卵期に漁獲したものが原料とされる。ウロコ、エラ、卵以外の内臓をとりさったフナを塩漬けにしておく。七月の土用にかかる頃に、塩ぬきをして、うるち米の飯と一緒に漬けこむ本漬けにかかる。すし桶の底に米飯を敷き、そのうえにフナを並べ、そのうえに米飯の層をかさね、またフナを並べる……といったふうに飯とフナをサンドイッチ状につめこみ、内蓋をしてから、重石をのせる。一日おいて、落ち着いたら、塩水、あるいは淡水の張り水をする。

水で空気を遮断して酸化をふせぎ、塩で腐敗をおさえて、もっぱら発酵を乳酸の生成にしむける。飯が乳酸発酵をすることによって、飯も魚肉も酸っぱくなり、pHは四・〇程度まで低下する。二〇〇〜三〇〇グラムくらいのフナなら正月には味がなれ、食べ頃になるが、一キロもある大型のフナは二年間漬けこむ。食べるときは、飯をこそぎおとして、薄切りにして、酒のさかなやご飯のおかずにする。チーズ臭に似た独特のにおいがあるので、現在では、好き、きらいが極端にわかれる食べ物となっている。

こうしてみると、なれずしは魚の発酵食品の一種で、魚を長期間保存するための加工技術であるといえよう。そして、主役は魚であり、飯は乳酸発酵をさせるためのわき役にすぎない。

東南アジアのなれずし

なれずし系食品の伝統的分布を一五八ページの図11にしめしておいた。これでみると、東南アジア各地にも、なれずしのあることがわかる。このなかで、フィリピンのルソン島のなれずしは、近世になってから華僑が中国から伝えたものである可能性があることを指摘しておこう。

すし研究の開拓者であり、名著『すしの本』を著した故篠田統《おさむ》博士は、すしは東南アジアの山地民がつくりだした食品で、それが中国南部から長江流域に伝わり、稲作とともに日本に伝播したものであると考えた。

わたしの調査結果では、西南中国からインドシナ半島にかけての山岳部の焼畑耕作民のあいだでは、漁労活動が発達せず、なれずしをつくらないのが普通である。この地帯でなれずしづくりをするのは、山間盆地で水田農耕にしたがう人びとである。

ボルネオでは陸稲の焼畑耕作にしたがう民族が淡水魚のなれずしをつくり、朝鮮半島の人びとと台湾の先住民のあいだでは、焼畑で耕作したアワをもちいたなれずしがある。しかし、これらは例外で、なれずしの主流は水田でつくった米を使用して発酵させたものである。

ここで、わたしが「水田漁業」と名づけた漁労活動と、なれずしがふかい関係をもつことを指摘しておきたい。水田そのものや、水田につながる小川や水たまりで、農民が自家消費用の魚介類を採集するのが水田漁業である。水田耕作と淡水漁業がおなじ場で有機的に結合しており、このような生活様式では米と淡水魚がセットになった食生活がみられる。農薬を使用する以前の東南アジアでは、程度の差こそあれ、水田漁業がみられた。東南アジアと東アジアにおけるなれずしの分布は、水田漁業の卓越した地帯にほぼ一致する。

さきにのべた、華僑によってなれずしが伝えられた可能性があるルソン島では海産魚のなれずしがつくられることと、これも華僑が伝えたものである可能性がきわめてたかい、マレー半島の海産の小エビのなれずしをのぞくと、東南アジアのなれずしは淡水魚を原料としたものが普通である。わが国の古代の記録にあるなれずしに、アユやフナの淡水魚がよくあらわれることも、水田漁業のなごりをしめすものであるかもしれない。

こうしてみると、なれずしの起源は水田稲作とふかい関係をもつこととなる。水田稲作の起源地として、西南中国からインドシナ半島、アッサムにかけての一連の地帯が想定されている。そのなかの、どこかでなれずしが最初に考案されたと考えたらよいであろう。

わたしの大胆な仮説をのべるとすれば、メコン川をはさんだ東北タイとラオスが、なれずしの起源地である可能性をもつ。それは、①水田漁業が発達した地域であること、②特定の季節に漁獲が集中し、漁獲のすくない時期にそなえて魚を貯蔵する必要がある地域であること、③なれずしづくりに必要な塩が内陸産の自然塩のかたちで容易に入手可能であった地域であること、④さまざまななれずしづくりのヴァリエーションが展開し、食生活になれずしの占める比重のたかい地域であること、⑤なれずしと関連をもつ淡水魚の発酵製品である塩辛類の利用がさかんな地域であること、といった条件に合致する場所であるからだ。なれずしを東北タイではパー・ソム、ラオスではソン・パとよぶが、いずれも「酸っぱい魚」という意味である。

中国と朝鮮半島のなれずし

篠田の考証によれば、一世紀末から二世紀初頭に成立した辞書である『説文解字《せつもんかいじ》』にあらわれるのが、中国文献になれずしが記録された最初である。それ以前からなれずしはあったであろうが、漢族が長江流域に勢力をのばしたこの時代になって、漢字文献に記載されるようになったのである。六世紀中頃の『斉民要術《せいみんようじゅつ》』以後の中国の料理書には、なれずしの具体的な製法がのべられている。中国のなれずしづくりの特色は、①漬けこみにさいして酒をいれ、酒から生成される酢酸の酸味も利用すること、②香辛料を一緒に漬けこむこと、③発酵促進のための麴《こうじ》を混ぜること——とくに赤い色づけをする効果をもつ紅麴が好まれた、などがあげられる。

なれずしは宋代（九六〇～一二七九年）に全盛期をむかえるが、つぎの元代（一二七一～一三六八年）以降になると衰退する。その理由はさまざまに考えられるが、漢族が生ものを食べない食習慣を確立してゆくことと関係をもつことであろう。現在では漢族のあいだでは忘れられた食品となり、なれずしづくりをするのは貴州省、広西チワン族自治区、雲南省、台湾など中国西南部の少数民族の食べ物となっている。

朝鮮半島では、十三世紀の『郷薬救急方』に「青魚鮓」の文字があらわれるのが文献的な初出である。現在、シッヘ（シッケ）とよばれるなれずしは、東海岸の咸鏡道、江原道、慶尚道でつくられるが、その他の地域ではあまり知られていない食品である。米飯を使用する場合もあるが、アワ飯に漬けこむ場合がおおく、麦芽の粉、トウガラシ粉をいれ、魚介のほかに、ダイコンの千切りなどの野菜を混ぜることが特色である。麦芽は麹とおなじように発酵を促進する効果をもつが、なれずしづくりに麦芽を利用するのは朝鮮半島だけである。トウガラシ粉は辛味のほかに、中国の紅麹のように色づけ効果をもつが、新大陸原産のトウガラシが利用されるようになったのは、キムチの場合とおなじく十八世紀後半以降のことであろう。

朝鮮半島東海岸の対岸に位置する、わが国の北陸から東北地方の西海岸に「いずし」という米飯に麹と野菜を混ぜたすしが分布する。麹は寒冷な気候のもとでの発酵促進の機能をはたす。朝鮮半島とおなじく野菜を利用するすしであることに注目すれば、シッヘ系のすしが影響しており、麦芽が麹におきかえられたという考えかたも可能ではある。

日本独自の展開

中国の長江下流を出発点として、朝鮮半島と日本に、何波かにもおよぶ人びとの移動にともなって伝播した、水田稲作のひとつの波の文化要素として、なれずしが伝えられたものと考えたい。しかし、考古学的遺物として残らないために、それを証明するのは不可能である。

八世紀前半に編纂された『養老令』にあらわれるのが、日本におけるすしの初出である。十世紀前半の『延喜式』に出てくるすしを表7にあげておくが、遠国からも貢納されたこれらのすしは、すべてなれずしであると考えてよい。

室町時代に「生なれ」のすしができて以来、日本のすしは独自の展開をすることになる。生なれとは、魚と一緒に漬けた飯に酸味が出るか、出ないかのあたりで食用にするのであり、はやい場合は三〜四日で食べられる。生なれだと、魚だけでなく飯も食べることになり、すしは主食と副食があわさったスナック食品としての性格をもつことになった。

飯も食べるようになると、魚よりも飯を主体にした「飯《いい》ずし」への道がひらけ、野菜や乾物もすしの材料とされるようになる。江戸時代になると、乳酸発酵による酸味の生成をまたずに、酢を魚や飯にくわえて酸味をつけた「はやずし」が出現する。こうなると、すしの多様化がいっそう進行し、紙すきの技術を応用した浅草海苔が出現するとノリ巻きずしができたり、油揚げでつくる稲荷ずしなど、魚を使用しないすしや、飯のかわりにおからに酢味をつけてつくる、卯の花ずしなどがあらわれることになる。

十九世紀はじめの江戸で、握りずしが流行するようになって、魚の保存食品として出発したすしは、インスタント食品にたどりつくにいたったのである。

このような履歴をもつすしは、いまや日本を代表する食べものとなり、SUSHIの

名 称	出現頻度
鮨	60
雑鮨	26
鮨鰒（鰒鮨、鰒鮨甘、甘鮨鰒）	14
雑魚鮨	13
鮨年魚（年魚鮨）	12
鮨鮒（鮒鮨）	9
貽貝鮨（貼貝鮨）	6（1）
鹿鮨	5
猪鮨	3
手綱鮨	2
鮭鮨	2
富耶交鮨	1
大鰯鮨	1
貝鮹鮨	1
阿米魚鮨	1
貽貝保夜交鮨	1
合 計	157（1）

表7 『延喜式』のすしの種類（『延喜式』本文には、鮨、鮓の両方の文字が使用されているが、鮨が圧倒的におおいので、この表は鮨に統一してある）

名で世界に通用するようになった。

参考文献

篠田統『すしの本』柴田書店、一九六六年（初版）。
石毛直道／ケネス・ラドル（共著）『魚醤とナレズシの研究――モンスーン・アジアの食事文化』岩波書店、一九九〇年。

第12章　麺の歴史

いま、世界中のスーパーマーケットでスパゲッティや即席麺を売っているし、どこの都市でも麺類を食べさせるスナックが流行している。二十世紀は麺類が世界に進出した時代だといえよう。

このように麺類料理が世界性を獲得する以前、すなわち二百年くらい前の世界においては、伝統的に麺類を食べていた地域は、中国を中心とする東アジア、イタリア、それに中東から北アフリカにかけてのイスラーム圏にかぎられていた。これらの三地域でそれぞれ独立に麺のつくり方を発明したものか、それともひとつの起源地から伝播したものかを論証するに足る証拠は、いまのところなさそうである。

六世紀の中国の麺づくり

うどんやそばのように細長く加工した粉製品を麺とよぶのは日本語としての漢字のつかい方である。本家の中国では、麺《ミエン》とは元来小麦粉のことで、米の粉を粉《フエン》といった。のちには米以外の穀物の粉を麵という文字であらわす用例もあらわれるようになった。しかし現代中国語では、麵ということばで日本でいう麵類を指すこともある。そこで炒麵という字だけでは、焼きそばのことなのか、それとも穀類の粉を煎ったわが国でいう麦焦がし、はったい粉の類なのか区別がつきかねることになる。

麵という字が穀物の粉の総称として使用されるようになると、小麦粉食品には餅《ピン》ということばをあてて区別するようになる。餅は米からつくるものと信じこんでいる日本人にとっては、これまた誤解の原因となる。混乱を避けるため、ここでは麵類ということばはうどんやそばのような細長い粉製品を指すものとする。

中国の麵類についてのまとまった記事があらわれるのは、六世紀に書かれた『斉民《せいみん》要術《ようじゅつ》』においてである。この書物の「餅法」すなわち小麦粉製品のつくり方の部に、今日の麵類のもととなった麵の製法が三つみられる（この書物にあらわれた麵のつくり方については、すでに故青木正兒《まさる》博士が『青木正兒全集』第九巻で考証をおこなっている）。

「水引餅」というのは、絹のふるいでこした小麦粉を、味つけした肉汁で練り、一尺ほどの長さで箸の太さに引きのばしたものを、水に浸して指でつまみ、ニラの葉のように薄くしてからゆでる、とある。練り粉を引きのばしていく点は現在のそうめんや手延べラーメンの先祖にあたるし、形でいえばひもかわうどんの先祖となる。「切麪粥《せつめんじゆく》」とは、小麦粉を練って棒状にし、取り粉をつけて断面が四角形をした箸の形にまとめ、これを小口から切ったものである。形は方棊《ほうき》（四角い将棋の駒）状になる。これを蒸してから、乾燥させて保存食とする。食べるさいにはゆでて肉のスープをかける。細長い形はしていないが、小麦粉を練ったものを包丁で切る点が後世のうどんの製法に共通するし、保存食品としての乾麵の先祖でもある。名古屋の棊子麵《きしめん》の語源は、この将棋の駒状の麵に由来するともいうが、さだかではない。

「粉餅」は、小麦粉ではなくリョクトウ（緑豆）のでんぷんからつくる。この粉をいったん肉汁で煮て練ったものを、ウシの角を割って匙の形にして六つ七つ小穴をあけたものに押しあてて、熱湯の中に穴から絞り出し、よく煮てから肉のスープをかけて食べる。これははるさめやビーフンの製法の元祖といえる。

このように、『斉民要術』にあらわれた麵のつくり方は、まだ原始的な段階にあるといえよう。中国で麵の製法が洗練されるのは唐代（六一八〜九〇七年）以後である。唐代になると、水車製粉の技術が西方から導入され、粉が多量に生産され安く入手できるようになって、中国で粉食が一般化したのである。人力で製粉していたころは、粉食はぜいたく品であった。

手づくり麺の三つの製法

機械による製麺が発達する以前の段階では、世界の手づくりの麺の主要な製法を三つに分類することができる。その三種のすべてが、原始的ではあるが『斉民要術』にあらわれている。

第一の方法は、練った小麦粉を一本のひも状にまとめあげ、それを切ることなしにどんどん引きのばしていくやり方である。日本の手延べそうめんは小麦粉でつくったひもを二本の棒の間に巻きつけて引きのばす。中国では広東・福建省でおこなわれており、厦門《アモイ》製の細い麺が日本の中国料理材料店で売られているが、それは中国のそうめんである。

道具を使用せず、両手の間に小麦粉のひもを何重にもかけて引きのばす手延べラーメンを、実演して食べさせる店がふえたが、この方法はつい最近まで日本にはなかったものである。この手延べラーメンを華北では拉麺《ラーミエン》といい、華南では打麺《ダーメン》というので、これが日本でのラーメンの語源となったともいう。

第二の方法では、小麦粉を薄い板状にひろげてから、刃物で切って線状にする。これは世界中の麺をつくる地帯での一般的な製法となっており、うどんのつくり方とおなどである。そのままでは粘り気が足りずにのびないソバ粉に、つなぎをいれることによってこの方法が適用できるように考案されたのが、日本のそば切りである。

第三の方法では、湯で練った粉をちいさな穴から熱湯のなかに突き出して麺状にする。これは粘り気のない豆類や雑穀の粉に適用され、そのままではちぎれやすいので、つくるそばから熱湯にいれて固めてしまう。はるさめやビーフンはこの方法でつくられ、またソバ粉にリョクトウやジャガイモなどのでんぷんを混ぜたものを材料とした朝鮮半島の冷麺用の麺も、この方法でつくられる。日本では、工業的製法によるはるさめがつくられるようになるまでは、この方法はおこなわれなかった。

各地の麺の食べ方

中国を起源地とするアジアの麺は伝統的に中国文明の影響をうけた、朝鮮半島、日本、モンゴル、ヴェトナムなどに伝播した。そして近世になると、華僑の進出とともに東南アジア諸国にも麺食が伝わった。たとえばタイ人はよく麺類を食べるが、それはこの二百年のあいだにひろまった風習である。米の生産地ではあるがコムギはできないタイでは、麺は普通、米を原料としている。

アジアにおける麺の食べ方としては、スープのなかに麺を浮かべて食べる湯麺が発達した。この食べ方は、碗と箸という食器の使用を前提としている。手づかみで食事をするのが原則のタイ人やモンゴル人でも、麵類を食べるときだけは箸を使用する。手で食べたら火傷《やけど》する。中国で発達した麵を炒めて食べる方法は、伝統的に油脂欠乏型の料理文化であった日本では、焼きそばが伝わるまではおこなわれなかった。

麵食地帯はインド世界を飛びこえて、中近東、北アフリカにひろがっている。現在では輸入品のスパゲッティ、マカロニを食べることがおおいが、それ以前から中近東には、十一世紀のアラブ文献に初出するリシェタあるいはイットリーヤという麵がある。リシェタとはペルシャ語起源で「糸」という意味だという。うどんと同様、切って線状にした麵づくりと、手延べでつくる方法の二つがあったようである。歴史的アラブ文献からは、中近東から北アフリカにかけての地帯に麵が分布していたことがわかる。しかし、現在のこの地帯での食生活に麵食の占める比重はひくい。

イタリアの麵はマルコ・ポーロが中国から持ち帰ったという説が流布しているが、そのほかにもローマ時代以前から麵があったとする説など諸説入り乱れ、結局のところはわからない。はっきりしていることは、十二世紀の文献にイットリーヤという名称があらわれることと、十四世紀以後になって麵食が普及するようになったことである。イタリアの麵には、小麦粉を板状にのばしたものを切断するうどん式の製法と、押し出し式の製法とがある。

こうしてみると、中国で考案された麺が東西貿易に従っていたペルシャ商人によって中近東に伝えられ、それがアラブ人によってイタリアに伝わったとする、麺類の中国起源説をとりたい誘惑にかられる。しかしそれは作業仮説にすぎず、実証すべき資料はいまのところはなさそうである。

麺はごちそうだった

家庭で麺類をつくるのは手間暇のかかることである。イタリアでもスパゲッティが家庭の日常の食卓にのるようになったのは、十七世紀にナポリで機械で押し出して麺をつくり、それを乾燥した状態で販売するようになってからのことである。打ちたての麺はうまいが、それを家庭で日常的に楽しめるのは使用人を置く金持ちの家などであった。民衆が家庭で気軽に麺を食べられるようになったのは、保存食品としての乾麺が商品化されてからのことである。

粉食の伝統をもたなかった日本では、麺類は日常の食品ではなかった。農家では、麺を食べようと思ったら手回しの石臼を回して粉づくりからはじめなくてはならなかった。そこで麺類は日常の食物ではなく、盆や祭りの日などハレの日のごちそうであった。本来保存食品として発達したそうめんをのぞくと、うどん、ソバは手打ちでしか食べられなかった。そうめんにくらべてうどんやソバは太いから、芯まで均質に乾燥させることが難しく、下手をすると腐らせてしまうし、変質したものをもどすと味が悪い。

江戸時代にも乾麺としてのうどん、ソバがあったが、その産額はしれていた。ソバ屋、うどん屋がある都市の住民をのぞくと、麺類を食べるのは年に二、三回しかなかったようだ。一般の家庭で麺類料理が日常的につくられるようになったのは、明治時代の中頃に製麺機がつくられ、工場生産の製麺技術が確立してからのことである。

〔追記〕

その後、わたしは本格的に麺の文化史を調べ、『文化麺類学ことはじめ』（フーディアム・コミュニケーション、一九九一年。のち、『麺の文化史』講談社学術文庫、二〇〇六年）という本にまとめあげた。この本のなかで、麺が中国→ペルシャ→アラブ→イタリアという経路で伝播したとする仮説を証明することを試みている。

第13章　料理における野菜の位置

まず、栽培作物としての蔬菜《そさい》をもたない狩猟採集民の食生活における、野生植物の利用の仕方を検討してみよう。極北圏の先住民は、雪と氷で大地が閉ざされるながい季節のなかで生活し、植物性の食料をほんのすこししか摂取せず、肉や魚に依存した食生活をしていることが知られている。

いっぽう、植物の種類のおおい熱帯に住む狩猟採集民の場合は、狩りの獲物よりも、植物性の食料が献立に占める比重がおおくなっている。どの民族でも、肉はごちそうと考えられているが、現実には、動物を追うよりは、動かない植物性の食料の採集のほうが入手が容易で、安定した食料資源となっているのである。

だが、その植物性食料の内容はといえば、果物や堅果、種子、豆、根菜類など、植物のなかででんぷん、たんぱく質、脂肪に富んだ部分ばかりを利用している。カロリー源に富んだ、主食として利用できる部分を食べるのであり、葉や茎などの青野菜にあたる部分の積極的な利用はみられない。そのかわり、草食獣の消化管内の内容物

——なかば消化された草や葉——を料理にくわえる民族もおおいことが知られている。ついでながら、わが国のマタギも草食獣の消化管の内容物を食べることが知られている。

家畜の食べた草から生産される乳と肉を利用する生活様式をもつ牧畜民も、青野菜を食べることはすくない。となると、ビタミン類などの微量成分が足りているかどうか、といった栄養学的な論議は別として、青野菜をほとんど食べないで暮らす民族もおおい、ということになるのである。

農耕民の食生活では、若干量の蔬菜を毎日の食事に付け合わせることは、世界各地においてみられることである。古代にさかのぼると、どこでも作物の利用よりも野草の利用のほうがさかんであった。現在の東アフリカ内陸部の農耕民たちの食生活では、栽培される蔬菜よりも、青物として利用される野生植物のほうがおおい。

農作物の主流は、種子である穀類や豆類、果実、根茎野菜であるイモ類を栽培することにあった。すなわち、主食となりうる植物の利用であった。微量成分をのぞくと、栄養源としてはほとんど価値のない野菜を何種類も畑で栽培するのは、文明社会でのことである。野菜は、必要欠くべからざるものとしてよりも、食生活の多彩さをつくりだすために開発されてきた性格がつよい。

ヴェジタリアンとよばれる菜食主義者たちも、野菜のみによって生きているのではない。主食の穀類のほかに、エネルギーとたんぱく質に富んだ豆類や乳製品を積極的に食べて健康を保っているのである。

地域でことなる野菜の役割

野菜をそのまま食べたり、あるいは加熱しても塩味だけで食べたら、ちっともうまくはない。野菜そのものには香りやあくや苦味などの刺激はあっても、一般に甘みもすくなく、うま味がないのが普通である。そこで野菜料理には、他の材料からうま味を足さなくてはならない。

ヨーロッパの料理における野菜の役割は、肉の添え物としての性格がつよい。サラダの語源は、ラテン語で塩を意味するサルに由来するという。つまり生野菜に塩をふりかけただけでもサラダとして食べられるが、それは、肉料理の重厚なうま味が舌に残っているから、後口をさっぱりさせる効果を発揮しているのである。しかし、本格的なサラダをつくるときには、生野菜に、塩味のほか油のうま味と酢の酸味をくわえるのが普通である。サラダの材料となる野菜のなかには、古代の地中海で栽培されたハーブの類がふくまれている。ハーブ類が好まれるのは、薬用植物としての効用をもつとともに、肉の味の重厚さに負けないつよい香りをもっているためであろう。

野菜を加熱した料理では、原形を失うほどぐちゃぐちゃに煮た野菜が、肉料理の添え物としてしばしば供される。それは、バター煮をすることによって脂肪のうま味をつけ足したものであったり、メインディッシュの肉料理のソースの味で食べさせたりするものである。

ヨーロッパの料理での野菜の位置はひくく、常に肉の脇役であり、メインディッシュになることはない。

もともとヨーロッパでは野菜は夏のもので、冬はキャベツの塩漬けとキュウリのピクルス、タマネギくらいしかなかった。しかし最近は温室栽培や暖地からの輸入で冬も野菜がおおくなり、野菜食がふえてきている。

種々の野菜サラダが独立したカテゴリーとして一品料理のなかでおおきな顔をするようになったのは、二十世紀になってからのアメリカ人の食生活の影響がつよいものと思われる。アメリカ人は肉を豊富に食べるが、そのつけ合わせとしてサラダを多量にとることが、サラダの需要を伸ばすことになったのであろう。アメリカ人のサラダ好きには定評がある。

中国料理は、多種類の材料をおなじ鍋で料理する特徴をもち、野菜を肉や魚と一緒に料理することがおおい。そのさい、油脂と発酵性調味料である醬油、味噌類が味つけにくわえられる。そして、強火で短時間油炒めすることで、野菜の青さを保つ料理技術が発達している。

中国の民衆の食生活は、米、麦、雑穀を主食に、副食としてブタ肉料理をとるのが基本であるが、それは客にたいする料理など形を整えた場合であって、普通の副食は野菜が主体である。野菜に少量のブタ肉をくわえて油で炒めるのであり、そのため青菜類は非常におおくの種類が改良されている。そのなかからハクサイのような優れた野菜もできてきたのである。野菜の種類に応じた味つけがなされ、見事なヴァラエティーをつくりだしている。

中国人は、全国的にトマトに砂糖をふりかけて生食することと、北方で生ネギに味噌をつけて食べたり、饅頭《マントウ》や餃子《ジャオズ》を食べるときニンニクを生でかじることなどをのぞくと、生野菜を食べない。そのかわり、漬物類に加工して食べることがさかんである。

日本人は、野菜を世界でいちばん食べてきた民族のなかにはいる。肉を食べなかった過去の食生活では、魚はごちそうであり、ふだんの副食は野菜であった。第二次大戦前の農村の食生活調査によると、いちばんよく食べられる副食は、野菜の煮付けと漬物であった。煮付けには、イモ類とナス、カボチャのような、でんぷん質の腹にたまるものが好まれた。

肉と油脂のうま味を欠いた料理技術であったので、野菜類を煮るときにうま味を足すものとして、各種の出しと、アミノ酸のうま味をもつ味噌か醬油がかならずくわえられるという特徴をもっている。おひたしにしても、ただ野菜をゆでただけではうま味がないので、ゴマやカツオブシをかけたり、うま味をもつ醬油をかけたりして食べるのである。

多様な漬物の発達は、日本の食生活の特徴のひとつであるが、それは野菜に依存した食生活であるためでもあり、また、漬物は野菜の保存食としての意味をもっていたことを忘れてはならない。

第14章　世界の酒——伝統的な酒の類型

ここでは、世界各地における伝統的酒造りの類型についてのべることにする。すなわち、ブランド名を印刷した瓶詰の酒類が世界中に出回る以前の時代を念頭において、世界各地の土着の酒を巨視的に分類してみようという試みである。

そのさい、障害となるのは、北アフリカから中東、西アジア、インドにかけて、一連の禁酒地帯が存在することである。イスラーム教とヒンドゥー教においては、信徒が酒を飲むことを嫌うため、この地方における伝統的酒造りについての資料がすくなく、ユーラシア大陸の東西における伝統的酒造り技術の分布の境界を確定することが困難になっているのである。このような理由もあって、六二〜六三ページにしめした「世界の伝統的酒造りの分布模式図」では、模式図的な表現をとらざるをえなかった。

このように、酒造りの技術は存在していたが宗教的な理由で中絶したり、酒造りがさかんでなくなったりした地帯のほかに、世界には酒造りの伝統をもたなかった民族も多数あった。新大陸発見直前の十五世紀の世界における酒造りの分布を推定してみよう。

伝統的酒造りの分布

この時代、アメリカ大陸において酒造りがなされたのは、主として中南米の農耕地帯にかぎられる。現在のアメリカ合衆国の大部分と、カナダ、アラスカの先住民族は酒造りをしなかったし、南米では農耕地帯の南方にあたるチリとアルゼンチンの南部でも酒造りはおこなわれなかった。

オセアニアにおいては、ミクロネシア西部とメラネシアの一部でヤシ酒をつくっていたが、ニューギニアの内陸部、ポリネシア、オーストラリアでは酒は知られていなかった。

ユーラシア大陸では、極北やシベリアの狩猟採集民は酒をつくらなかったし、シベリアの遊牧民でも乳酒造りの習慣をもたなかった民族もある。

アフリカ大陸においては、アフリカ中央部の森林地帯、東アフリカ、南アフリカに分布する狩猟採集民は酒造りをしなかったと考えられる。

こうしてみると、一般に狩猟採集民は酒造りをしない人びとであるということができよう。それは、酒の原料となる糖分の多い果実やでんぷん質の食物は、農耕社会で作物化することによってはじめて安定した供給が得られる、ということに原因するからであろう。

してみると、世界中が狩猟採集の段階にあった旧石器時代に、酒造りがおこなわれていたかどうかは疑わしい。いまのところ、旧石器時代人が酒造りをしていたことをしめす直接的な証拠はない。旧石器時代の絵画に蜂蜜を採集している情景があるので、あるいは蜂蜜酒くらいはつくっていたのではないかという可能性を否定することはできないが……。

酒造りには、原料や技術のほかに、容器が必要である。最も一般的な容器である土器は、新石器時代になって出現したものである。水もれのしない革袋を縫う技術、石器で酒槽《さかふね》をくりぬく技術も、新石器時代にさしかかって発達したものであろう。旧石器時代には野生のヒョウタンなどの大型の容器が得られないところでは、酒造り用の容器もなかったであろうと想像される。

糖分からつくる酒

酒にふくまれるエチルアルコールは、糖類が酵母の作用で発酵することによってつくられる。進歩した酒造法では、人工的に選択して繁殖させた酵母が発酵に作用するように留意されているが、酵母は自然界に存在するので、原始的な酒造りでもたかい糖分をふくむ液体さえ入手できれば、自然の成りゆきにまかせておいても酒らしきものにすることができる。

しかし、でんぷん質の原料から酒をつくるためには、唾液、モヤシ、カビなどの酵素を利用して、でんぷんを糖分に変える手続きを必要とする。そこで初期の酒造りは、より容易な、糖分をふくんだ原料を使用したものであったろう。

後代になると、砂糖造りの副産物であるサトウキビの汁や糖蜜を発酵させてラム酒をつくることがおこなわれるようになったが、昔から利用されてきたもので糖類から直接つくる酒の原料のおもなものは、蜂蜜、果実、樹液、乳である。

東アフリカ、タンザニアのダトーガ族は、蜂蜜にほぼ同量の水を加えて蜂蜜酒をつくる。水で薄めた蜂蜜と、酒の風味をますといわれる木の根を刻んだものをおおきなヒョウタンにいれ、屋内の焚き火のそばにヒョウタンを置いて、火に近づけたり遠ざけたりして温度を調節し、一昼夜置くと蜂蜜酒ができあがる。木の根は繰りかえして使用されるので、それに酵母が付着しているものと考えられる。

ビールが普及する以前のゲルマン民族は、蜂蜜酒をよく飲んでいたし、現在でも東欧では蜂蜜を発酵させてミードワインがつくられる。作物とちがって、蜂蜜は各地で入手できるので、古代における蜂蜜酒の分布は現代よりひろかった可能性があるが、現在においては他の酒に押されて点状に残存する分布をしめしており、旧世界ではヨーロッパ、マダガスカルをふくむアフリカに分布の中心をもっている。新世界においても、中央アメリカからブラジルにかけての地域に、蜂蜜酒をつくる場所が点在する。

リンゴ、ナシ、バナナなどの果実からつくる酒の種類はおおい。たとえばアフリカのサヴァンナ農耕民のシ族のあいだでは、カシキシとよばれるバナナの酒がつくられる。つくり方は簡単で、バナナをつぶし、水をくわえて放置しておくと、三日くらいで飲みごろの酒になる。

糖分をふくむ果汁を発酵させたものであるので、人類の原始的な段階から果実製の酒は飲まれていたと考えられがちである。しかし、酒造りに回せるほど大量の果実が得られるようになったのは、果樹の栽培化がおこなわれて以後のことであることを忘れてはならない。

果実製の酒の代表格はワインである。地中海をとりかこみ、ライン河谷からアルメニアにいたるヨーロッパのワイン地帯は、古代から酒造り用のブドウ畑をつくり続けることによって成立してきた。

糖分をふくむ甘い樹液を発酵させた酒もある。中米では、リュウゼツランの類の花軸を切って、その切り口からしたたる樹液を集めて発酵させ、プルケ pulque という酒にする。プルケはアステカ文明以前から飲用されてきた酒で、マゲイとよばれるリュウゼツランを原料とする。

中米で有名な酒テキーラ tequila は、プルケに利用するものとは別種の、やはりマゲイとよばれるリュウゼツランの一種の塊茎からつくられる。この塊茎を蒸して糖化、発酵させ、さらに蒸留してつくるが、テキーラは十八世紀後半、スペイン人の手によってつくりだされたものである。

同様に、ヤシの花軸を切ってそこに容器をとりつけ、そのなかにたまった樹液を発酵させてつくったヤシ酒は、熱帯、亜熱帯各地に分布する。現在では、イスラーム教の戒律によって酒造りをあまりおこなわない北アフリカから中東にかけてのナツメヤシ地帯でも、かつてはナツメヤシの酒がつくられた。また、東南アジアからカロリン諸島にかけては、サトウヤシ、ニッパヤシ、ココヤシなど、さまざまなヤシ類が酒造りの材料に利用されている。

乳酒をつくるのは、中央アジアの牧畜民である。牛や馬の乳を攪拌《かくはん》して乳にふくまれる乳糖を発酵させたものであり、モンゴル語では馬乳酒をアイラグ айраг とよぶが、トルコ系の民族が馬乳からつくった乳酒クミズ кымыс の名のほうが有名である。全乳のほか、各種乳製品づくりの過程で得られるスキムミルクやホエーからも、乳を原料としたアルコールをふくむ飲料がつくられる。乳酒のアルコール含有量はわずかであり、そのままでは酒というよりは清涼飲料の一種である。これを蒸留して、モンゴル語でアルヒ архи とよばれる焼酎にしてはじめて酒らしくなる。

でんぷんからつくる酒

でんぷん質を原料とする酒は、その地方の主食作物からつくるのが一般的である。例外として、コムギのパンを食べるヨーロッパでオオムギ製のビールが飲まれることがあげられようが、コムギが普及する以前には、ヨーロッパではオオムギを主食とする地帯もおおかったことをつけくわえておこう。

穀類やイモ類を口で嚙んで、唾液にふくまれる酵素の作用ででんぷんを糖化して酒をつくる方法は、古代には各地でおこなわれていたであろうが、旧世界では、モヤシやカビをもちいる酒造りの方法にとってかわられてしまった。日本でも『大隅国風土記』逸文に口嚙み酒の記事がみられるが、歴史時代になると、この酒のつくり方は忘れられてしまった。しかし、アイヌや沖縄の人びとのあいだには、口嚙み酒があったことがわかっているし、台湾の先住民は、アワや米の口嚙み酒をつくっていた。

中南米では、白人が渡来するまでは、広い地域にわたって口嚙み酒の伝統がのこっていた。中米からアンデス山脈にかけての地域ではトウモロコシ、アマゾン側ではマニオクが口嚙み酒の主な原料であり、中米からアンデスにかけて、これらの酒をチチャ chica とよぶところがおおい。アンデス高地の人びとのあいだでは、いまなお昔ながらのチチャ造りがみられる。

注目されるのは、南米の一部にはトウモロコシを発芽させたものに口嚙みの技法を併用していることであり、インカの年代記には口嚙みをともなわない発芽させたトウモロコシの酒——すなわちモヤシ利用の糖化による酒の存在がうかがわれることである。

穀物の発芽のさいに生じる糖化酵素を利用してつくるモヤシ利用の酒の代表はビールである。穀物のモヤシのなかでもとくに強力な糖化作用をもつオオムギのモヤシを利用したビールは古代エジプトからあり、北西ヨーロッパでの重要な飲料となった。サハラ・リビア砂漠以南のアフリカでは、モロコシやシコクビエなどの雑穀のモヤシでつくる酒造りが一般的である。東アフリカではこの種の酒をポンベ pombe とよんでいるが、ホップをくわえることをしないので、ビールのような苦味はない。

東アジアおよび東南アジアでは、カビすなわち麴《こうじ》を糖化に利用して、主として米を

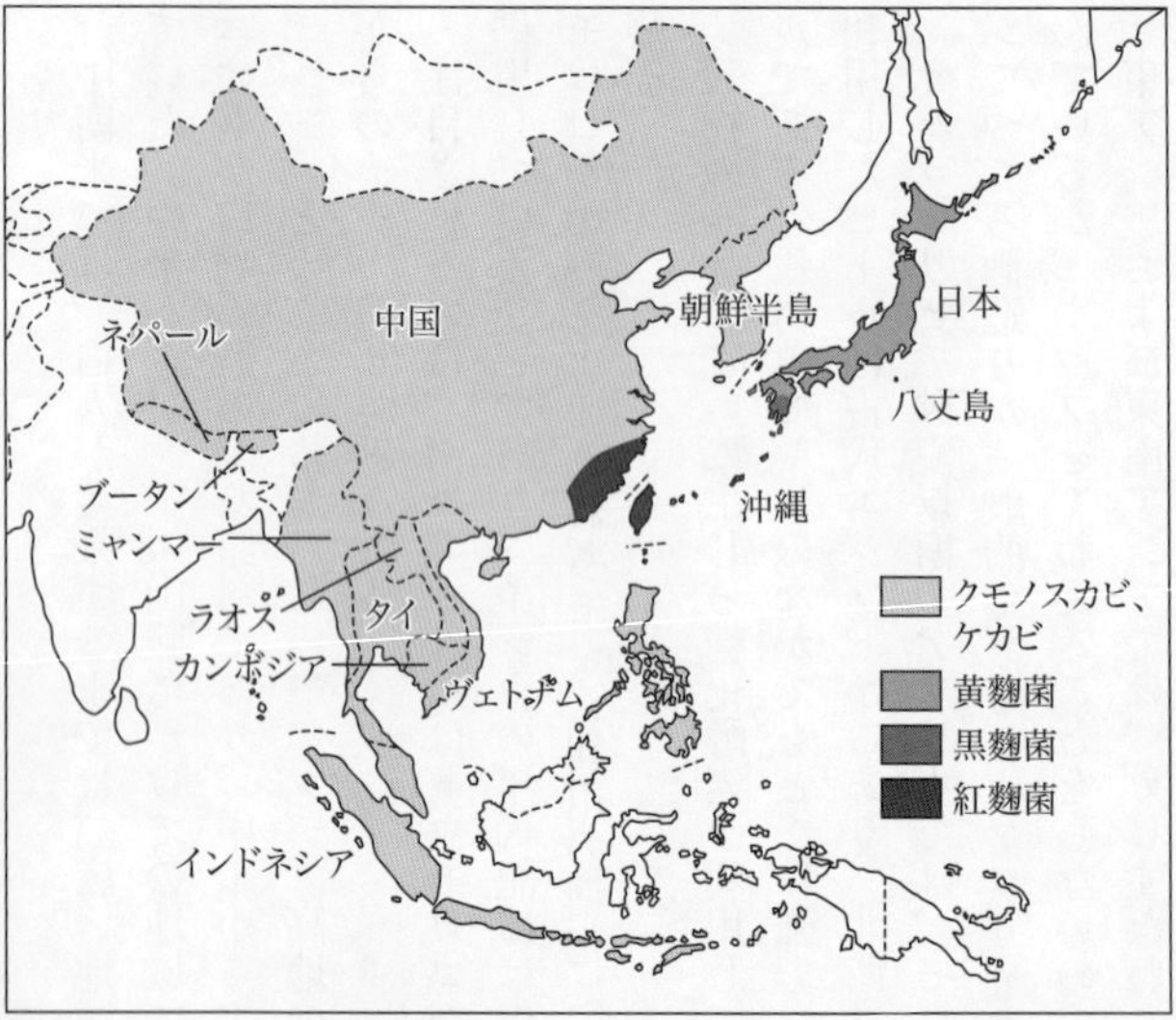
中国
朝鮮半島
日本
八丈島
沖縄
ネパール
ブータン
ミャンマー
ラオス
タイ
カンボジア
ヴェトナム
インドネシア
クモノスカビ、
ケカビ
黄麹菌
黒麹菌
紅麹菌

図16　酒とカビの関係

原料とする酒造りが発達している。このさい、日本以外の地域では、粉末状にした穀類に水をくわえて固めたものにクモノスカビ、ケカビを培養した餅麹の利用が一般的であるのにたいして、日本では米粒に黄麹菌を作用させた散麹《ばら》で酒をつくること、また焼酎については気温のたかい地方で泡盛菌（黒麹菌）をつかうことが特徴である（図16参照）。

以上は、醸造酒造りの話である。醸造酒を蒸留して強い酒を得る方法は、イスラーム世界にはじまるようである。禁酒を旨とするイスラーム教地帯にも、アラビア語のアラックarakに起源するアラキとかラキといわれる蒸留酒が点在する。中国では宋の時代から、南方から伝わった蒸留酒をつくっていたもののようで、それが白酒《パイチュウ》（中国の蒸留酒の総称）の先祖となった。

いっぽう、錬金術とともにイスラーム世界からヨーロッパに伝播した蒸留技術でつくった「生命の水」と表現される蒸留酒があり、その記録が中世にあらわれるが、その当時の「生命の水」は飲み物というよりも薬品であった。北西ヨーロッパにおいて蒸留酒が普及するのは、十六～十七世紀以降のことである。アメリカ大陸やアフリカの内陸部に蒸留技術が伝播したのは、これらの地域が白人の植民地化してからのことである。

第15章　茶とコーヒーの文明

日常的に消費される飲食物の分布圏は、その原料を生産する地域内にかぎられるのが普通である。だが茶とコーヒーは、近代以前から生産地外に伝播し、おおくの民族に愛好されてきた。

その伝播の歴史をたずねると、十七世紀までは、茶やコーヒーを常用する場所は世界のなかでもかぎられていたことがわかる。それらの地帯を茶とコーヒーの第一次分布圏と名づけよう。十七世紀になって西欧世界が茶とコーヒーをうけいれてから、勃興しつつあったヨーロッパの資本主義・植民地経済とともに、世界商品として茶とコーヒーが世界中に伝播していった。このヨーロッパを起点とする分布圏を第二次分布圏とよぶことにする。

アジアに成立した第一次分布圏

茶を嗜好飲料に仕立てあげたのは漢族である。現在の中国での一般的な茶の飲み方は、茶葉を茶碗に直接、あるいは急須やヤカンにいれたうえに熱湯を注いで、だしたものを飲む方法である。この方法に落ち着くまでには、そのながい飲茶の歴史を通じてさまざまな方法が試みられてきた。茶に調味料、香料などの混ぜ物をいれて飲んだり、茶葉を抹茶に加工したり、茶葉を塊状にプレスした磚茶《たんちゃ》に加工したりすることも中国ではじまった。中国の茶には、摘みたての葉をすぐ加熱した緑茶、烏龍《ウーロン》茶に代表される半発酵茶、さらに発酵茶である紅茶など、さまざまな種類がある。

茶の第一次分布圏は中国に接するチベット、モンゴル、朝鮮半島、日本に成立した。チベット高原には唐代から中国の茶が伝えられていたが、チベット人のあいだに茶が普及するのはサキャ派のチベット仏教が元《げん》王朝と関係をもつようになった十三世紀以後のことであるし、モンゴルへはチベットからチベット仏教とともに飲茶の風習が伝播したといわれる。茶樹を産しないこれらの地帯へは、中国製の緑磚茶が重要な交易品として送られ、その見返りとして馬が中国へもたらされた。この茶馬貿易は中国の王朝の統制下にあった。

チベットとモンゴルでは、茶のたて方に多少の差異があるが、基本的には同系統である。磚茶を砕いたものを煮立て、塩、天然のソーダ（茶の色をよくするといわれる）、バターや動物の脂肪をくわえて攪拌し、平たい椀についで飲用する。このスープ状の茶にしばしば麦焦がしや炒《い》ったアワがくわえられ、飲み物というより食べ物に近い摂取法もとられる。

朝鮮半島、日本には、茶樹そのものが伝播した。その飲用の歴史にはともに仏教が関係しているが、朝鮮半島では李朝による仏教弾圧のせいもあり、飲茶の風習は断絶してしまった。日本では抹茶の飲用から茶の湯の文化が成立し、江戸時代に葉茶の飲用が普及して緑茶が国民飲料となった。

茶にくらべて、コーヒーの飲用の歴史はあたらしい。エチオピア原産のコーヒーが対岸のアラビア半島において飲み物として流行するのは十五世紀後半においてであり、その中心地はメッカであった。このイスラーム教の聖地から、中近東のイスラーム教圏にコーヒーは第一次の伝播をとげた。アラビア半島における伝統的なコーヒーの飲み方では、砂糖をいれず、カルダモンなどの香料を一緒にくわえて煮立て、おりをこすことをせず、取っ手のない小型の杯で飲む。十六世紀中ごろにオスマン帝国の首都イスタンブールにコーヒー店ができて以後、帝国の版図にはいった北アフリカや東欧の都市にコーヒー飲用の習慣が普及する。トルコ・コーヒーは砂糖をいれ、取っ手のついた小型のカップで飲むのが正統とされるが、現在ではアラビア風とトルコ風の区別はつけづらくなっている。

ヨーロッパを起点とする第二次分布圏

茶とコーヒーは十七世紀にヨーロッパに伝播する。ヨーロッパで発達したコーヒーの飲み方の特徴として、①コーヒー豆をミックス・ブレンドする、②抽出した後の液体とおりを完全に分離する、③取っ手のついた陶製のカップ、受け皿、スプーンという飲用器セットがもちいられる、④カップについだ後に、砂糖、ミルク、あるいはクリームをくわえる、という四点があげられよう。ヨーロッパにおける茶とコーヒーの飲用の歴史は相互に関係をもちながら進行したので、コーヒーについてあげた以上の特徴は、ヨーロッパ風の紅茶の飲用の特徴ともなっている。

十七世紀から茶、コーヒー、ココアの三種の飲料の競合関係がヨーロッパにおいてはじまったが、刺激性がよわく、脂肪分がおおくて水に溶けにくいココアは、生産地のひとつであるメキシコを植民地として押さえていたスペインの世界における勢力が弱まることと歩調をそろえて、戦列から脱落した。ココアは常用の飲み物ではなく、嗜好品の段階にとどまっている。

ヨーロッパを起点とする茶とコーヒーの第二次分布圏の拡大は、近世におけるヨーロッパ勢力の世界への進出、植民地経営と密接な関係をもつ。ヨーロッパで日常的に茶を飲む風習が定着したのはオランダとイギリスであり、それは両国の東インド会社が中国からヨーロッパへの茶の輸入をほとんど独占したこと、後にイギリスがインド、スリランカにおいて、オランダがジャワにおいて、チャのプランテーション経営をはじめたことに原因をもつ。インドネシアにおいてコーヒーのプランテーションもおこなったオランダでは、茶と並んでコーヒーも飲まれるようになり、第二次大戦中のドイツ占領下において茶の供給が途絶えたことから、現在ではコーヒーが茶にとってかわってしまった。

南アフリカ、オーストラリア、ニュージーランド、カナダの旧イギリス領は紅茶国としてのこっているが、イギリス系移民と並んで茶を愛好するオランダ系移民のおおかったアメリカ合衆国は、独立戦争のきっかけとなった一七七三年のボストン茶会事件を契機として、コーヒー愛好国への道をたどってしまった。

ヨーロッパが海路による中国茶の輸入に依存したのとことなり、ロシアは中国から陸路のキャラヴァンによって茶を輸入し、十八世紀に茶の飲用が普及した。サモワールを利用して紅茶をたて、ジャムやレモンをくわえ、サトウダイコン製の固い砂糖をかじりながら飲むロシア紅茶は、十九世紀におけるロシアの南下政策とともに西アジア各地に分布していった。また、シベリア経営にともなって紅磚茶《こうたんちゃ》を使用した飲茶の風習がシベリアの諸民族に普及した。

コーヒー地帯であった北アフリカでは、十九世紀にイギリスによって安価な茶が供給されるようになってから飲茶が普及し、ハッカ入りの緑茶や紅茶が一般的な飲み物となり、この地方の特色のある茶器や飲み方が成立した。しかし、コーヒー国であるフランスの植民地であったアルジェリアではコーヒー消費量のほうがおおきい。

大宗教の分布圏との関係

以上のべてきた、世界における茶とコーヒーの飲用の類型をまとめてみよう。すなわち、茶の第一次分布圏においては、中国、チベット、モンゴル、日本がそれぞれ特色のある飲用の伝統をもち、この古い伝統をもつ地帯へは、紅茶国イギリスに代表される第二次分布圏での飲茶法の進出は困難となっている。コーヒーの第一次分布圏であるエチオピアから、アラビア半島、トルコにかけても、ヨーロッパとは区別される飲み方でコーヒーの飲用がさかんである。しかし、茶はイギリス流、コーヒーはヨーロッパに起源をもつ飲み方が世界のおおくの地域をおおうようになった。そのいっぽう、アフリカ、東欧、東南アジア、オセアニアなど、茶やコーヒーがなくても日常生活に差しつかえない地域もまだ残されているのである。

このような分布をみると、一見、世界の大宗教と茶、コーヒーの分布が歴史的に関係をもつもののように思われる。仏教でもイスラーム教でも、聖職者は飲酒を禁じられていたので、酒の代替物として茶やコーヒーがもちいられたとか、聖職者の目覚まし用の飲料として、カフェイン飲料がもちいられたとかいうことも考えられる。茶の第一次分布圏は大乗仏教地帯であり、チベット＝モンゴル圏はそのなかでもチベット仏教地帯であることが指摘される。コーヒーの第一次分布圏であるアラブ＝トルコ圏は、イスラーム教地帯である。茶の第二次分布圏では、ロシア圏はロシア正教分布圏と一致するし、北アフリカ流の飲茶はイスラーム教地帯に一致し、カトリック、プロテスタントの別なしにキリスト教ということでいえば、ヨーロッパで成立した紅茶とコーヒーの飲み方は、キリスト教の伝播した場所に定着したといえる。

しかし、このような茶、コーヒーの飲み方と世界の大宗教の分布圏との一致は、宗教と飲み物の直接的な因果関係によって説明するべきものではない。カトリックのミサにおけるワインの役割などとくらべて、一般に茶、コーヒーはその普及のひろさのわりには驚くほど宗教儀礼との内的関連がすくないのである。茶、コーヒーなしでも宗教儀礼は成立する。それは、茶やコーヒーの普及したときよりも、おおくの宗教の成立年代のほうがずっと古い時代に属するからである。

世界の大宗教というものは、文明の統合原理としての性格をもっている。そこで過去においては、大宗教の分布圏が、ある文明の分布圏と一致することがおおかったのである。普遍的な飲み物としての性格を備えていた茶とコーヒーは、それぞれの文明ごとに特色ある飲み方がされ、その文明の分布する地理的範囲のほとんど境界地帯までひろがっていったのである。すなわち、文明の飲み物として、茶とコーヒーは世界に分布したのである。

〔追記〕
世界の茶とコーヒーについて、さらにくわしくは左記の文献を参照されたい。
「文明の飲みものとしての茶とコーヒー」『石毛直道自選著作集』第三巻所収、ドメス出版、二〇一二年。

第16章　うま味の文化

バングラデシュのチャイニーズ・スープ

バングラデシュではグルタミン酸ナトリウム（以下、国際的に使用される略語ＭＳＧと表記）を「よい味の塩」という意味のテイスティング・ソルト tasting salt とよぶ。この国の国語であるベンガル語での名称はまだない。一九八〇年代になって登場した調味料だからである。

この国第二の都市であるチッタゴンの市場をのぞくと、食料品店では日本、中国、香港、台湾、タイなどの各国のＭＳＧ製品が売られている。そのなかでいちばん値段の高いのが日本の製品である。

バングラデシュにはＭＳＧの製造工場はない。発展途上国のひとつであるこの国では、国民の所得水準が低いので、輸入食品（たいていは密輸品）であるＭＳＧは一般の民衆にとっては高価すぎ、これを使用するのは中流以上の階層だという。それではなぜ密輸までしてＭＳＧがつかわれるようになったのだろうか。

ことのおこりは、一九七五年にこの国が中国との国交を開いたことにはじまる。その結果、都市に中国料理店が増加して、チッタゴン市でも四十軒を数えるという。イスラーム国家のことなので、これらの店ではブタ肉を一切使用しない中国料理をつくる。

中国料理を食べてみたバングラデシュの人びとにとって、いちばん印象的なのが中華スープであった。ベンガル料理もふくめて、インド系の料理にはスープというものがほとんどない。汁気のおおい料理といっても、せいぜい豆や野菜を煮込んだどろどろしたカレーくらいのもので、澄んだ汁物の料理はないのだ。

あたらしい食べ物であるチャイニーズ・スープがファッションとなり、テレビでそのつくり方が紹介されたりした。だが、スープづくりの伝統のないこの国では、いちいち鶏肉でスープ・ストックをとるような面倒なことは敬遠されたし、それに肉で出しをとるのは高価なものにつく。そこで、野菜などを煮てMSGで調味したものが、一般家庭のチャイニーズ・スープとして定着したのである。

「MSGはスープ料理が発達している国で売れる」といわれるように、MSGは出しを必要とする料理法と関係があるのだ。スープ料理の普及とともにバングラデシュでMSGの需要が生じたのもその一例なのである。

東アジアで発達したスープ料理

インド系の料理ばかりでなく、西アジアのペルシャ、アラブ、トルコ系の料理やヨーロッパ系の料理では、スープが発達しなかった。ヨーロッパの伝統的なスープはシチューのように具のおおいごった煮であり、イタリアのミネストローネ、ロシアのボルシチなどにそのなごりがみられる。そこでヨーロッパ系の言語では、スープを「食べる」と表現する。中世にはまだスプーンの使用が一般化せず、民衆はごった煮にパンを浸して手づかみの食事をしていた。現在のポタージュやコンソメのように液体のおおいスープが一般的になったのは、十九世紀になってからのことである。それ以前のごった煮では、出しとしてのスープ・ストックをとることなしに、他の材料と一緒に煮た肉からうま味を引き出していた。現在、家庭料理では手間のかかるスープ・ストックをつくることはせず、インスタントのスープの素を使用することがおおいが、そのなかにはMSGがはいっている。

昔のヨーロッパのように皿から手づかみで食べる場所では、手に火傷をするような熱い汁物料理は発達しそうもない。世界のなかでスープ料理の発達したのは、古代から箸、匙《さじ》、碗を使用して食事をする習慣のあった東アジアである。わが国では匙は律令時代の宮廷で使用されたくらいで、民衆の食事には採用されなかったが、口につけて汁を吸うことができる木椀が発達した。

東南アジアの食事文化は、歴史的に、西のインド系の料理文明と、東の中国系の料理文明のつよい影響をうけてきた。東南アジアの料理には、さまざまなスパイス類を利用したカレー系のものがおおいが、それはインドとの関係をしめすものである。炒め物料理、汁物料理は中国の影響である可能性がつよい。東南アジアの汁物料理の代表は、スープのおおい麵である。麵料理は中国に起源するし、東南アジアでのMSGの普及は露店のそば屋からはじまったという。

東と西に大別される食事文化

文明の興亡と関係をもちながら形成されてきたユーラシア大陸の伝統的食事文化を巨視的に眺めたとき、東西の二類型にわけることができる。西の牧畜をともなう麦類の食事文化と、東の非牧畜で米を主食とする食事文化である。「東の類型」の分布は東南アジアと東アジアである。インド亜大陸には米食地帯もあるが、そこは牧畜をともなった食事文化であり、麦を主食とする地域もあることが、東南アジアとことなっている。

ここでいう牧畜とは、単に牛馬を飼養することではない。ウシ、ウマ、ラクダ、ヒツジ、ヤギなど、有蹄類《ゆうているい》で草食性の家畜を一家族で数十頭、数百頭の群れとして管理し、そこに食生活の基盤を置く生活様式のことである。したがって、ブタを飼育したり、ニワトリやアヒルなどの食用家禽を飼養することは牧畜の範疇《はんちゅう》にははいらない。牧畜獣は乳しぼりの対象になる。肉ばかりではなく、バター、チーズ、ヨーグルトなどの乳製品が、重要な副食物として利用されている。

この「西の類型」の食生活では畜産製品が重視され、肉をさまざまなスパイスでマスキング（匂いをおおってしまうこと）する料理法が発達した。また、脂肪がふくまれている肉に、さらにバター、オリーヴ油などの油脂を多用して料理がなされる。「東の類型」の料理のなかで、伝統的に油脂をよく利用してきたのは炒め物をする中国においてであるが、量的に比較したらヨーロッパには到底かなわない。

スパイスや油脂をおおく使用する料理法では、微妙なうま味はあまり問題とならない。スパイスの強烈な刺激や重厚な油脂の質感のある食べ物は、ほかには塩味さえあれば、特別にうま味を補強しなくても食べられるのである。

それにくらべると、牧畜という家畜の大量生産方法をもたなかった東側の食事文化においては、肉の消費量はいちじるしくすくなかった。一九八〇年代初期の統計によれば、西ヨーロッパ諸国では国民一人一日あたりの肉の摂取量は七〇～一〇〇グラムであり、日本は三七グラム、中国二三グラム、韓国一六グラム、インドネシア三グラムといった具合である。日本人が肉を食べはじめた一世紀前でいえば、日本の肉の消費量はゼロに近かったはずであり、食事パターンの変化とそれを支える経済力によって、これだけ日本人が肉食をするようになったのである。

それにしても、肉を中心とした料理であるというイメージのつよい中国や韓国の人びとが、現在の比較では日本人よりも肉の消費量がすくないことは意外に思われるであろう。肉をよく使用すると考えられている中国料理や韓国料理のイメージは、ごちそうを共にする場であるレストランで植えつけられたものである。民衆のふだんの食事では、それほど肉を食べていないのだ。

東アジア、東南アジアの民衆の伝統的食生活においては、肉はごちそうの食品である。また乳製品も欠如していたこの地域では、動物性食品の主要なものは魚である。しかし、魚もじゅうぶんな量を食べていたとはいいがたい。

野菜料理に必要なうま味の添加

ビタミンやミネラルなどの微量栄養素を別にすると、人体を維持するために摂取しなければならないのは、エネルギーを生みだす食べ物とたんぱく質をつくりだす食べ物である。西側の食事のパターンでは、麦類からつくったパンや油脂などがエネルギー源となり、肉と乳製品が主要なたんぱく質源の食品となっている（ただし、インド亜大陸や西アジアには経済的理由で肉や乳製品の摂取がすくなく、主食偏重の国もある）。

それにたいして、東側の非牧畜の米食地帯では、動物性食品からたんぱく質を摂取するのではなく、穀物にふくまれる植物性たんぱく質から摂取するのである。麦類にくらべて米にふくまれる必須アミノ酸のバランスは優れているので、米飯のどか食いをすれば、米をたんぱく質源として生きることも可能なのである。

米を主食とする食生活においては、副食物は大量の飯を食べるための食欲増進剤としての機能が重視され、塩気とうま味のある少量のおかずさえあればよかった。ふだんのおかずは肉や魚ではなく野菜であるが、甘みのある根菜類などを別とすると、肉や魚にくらべて野菜自体にそなわるおいしさはすくない。そこで野菜主体の料理には、塩味だけではなく、料理の過程でうま味を補ってやる必要がある。のちにのべるように、味噌、醬油の類の穀醬や、塩辛や魚醬油の類の魚醬は、それ自体がうま味の濃縮された副食物であり、調味料である。東側の食事文化では、これらのうま味食品で野菜を調理することと、出しを使用する調理技術が発達した。

出しとは、食品のおいしさのエキスを水に移したものである。出し汁そのものがおいしいばかりではなく、それで煮たものにおいしさをふくませることができる。少量の肉や魚のもつおいしさを最大限に有効に利用できる調理技術なのである。出しを使用したスープ料理が東側の食事文化で発達したゆえんである。

ＭＳＧもスープ料理のおおい東側の食事文化から世界にひろまっていった。日本で発明されたＭＳＧ製品がまずうけいれられたのは、中国、朝鮮半島であり、戦前はアメリカにも進出していたが、第二次大戦後いち早く東南アジアに進出し、タイ、フィリピン、マレーシア、インドネシアに工場を建設していった。各国の追随メーカーも東南アジア各地でＭＳＧの生産をはじめ、いま東南アジアでＭＳＧの生産設備がないのはシンガポール、ラオス、カンボジアくらいである。これらの国でも、正規の輸入や密輸ルートではいったＭＳＧが、家庭の必需品として利用されている。どんな山奥の村の市場にもかならずＭＳＧが置かれている。これらの地域は、うま味を重視する汁物料理、魚醬、穀醬などの食べ物が発達していた地域なので、ＭＳＧをうけいれる素地がじゅうぶんにあったのである。

第五の味の発見

MSGなどのうま味を付加する調味料は、従来は化学調味料とよばれてきたが、現在では「うま味調味料」と呼称が改められている。このうま味調味料に利用される物質には、グルタミン酸ナトリウムのほかにイノシン酸ナトリウム、グアニル酸ナトリウムなどがある。

コンブの出し汁のうま味がグルタミン酸であることを発見したのは池田菊苗《きくなえ》であり、その後小玉新太郎が、カツオブシのうま味成分はイノシン酸であることを発見し、国中明が、シイタケのうま味成分はグアニル酸であることをつきとめた。ほかにも、アミノ酸系と核酸系のうま味物質が三十種以上発見されている。これらのうま味物質の研究は、ほとんどが日本の科学者によっておこなわれ、それを商品化してうま味調味料にしたのも日本の企業である。

それは、出しのおいしさを重視する日本料理という文化的背景と関係がある。文化が科学研究や産業に深い関連をもつことをしめす例でもある。現在、これらのうま味物質が味覚に作用するメカニズムが解明されつつあるが、それも日本の研究者たちによる業績である。

従来の味覚に関する論議は、四原味を基本とする原理にもとづくものであった。すなわち味覚の基本は、①甘い、②塩からい、③酸っぱい、④苦い、の四原味に分類され、口にはいったすべての物質の味は、これらの四原味の組み合わせで説明されるというのである。一九一〇年代にドイツの心理学者ヘニングが、図17に示したような四原味を頂点とする正四面体モデルを提示し、すべての味はこのモデルのうえに表現することができるという説を発表した。たとえば、甘酸っぱい味は図の甘味の頂点と酸味の頂点を結ぶ線上に位置づけられ、三杯酢のような味覚は、甘味、塩味、酸味の三頂点にかこまれた面のどこかに位置するという考え方である。そして、この四原味以外の味覚は、口のなかでの温度に関する感覚、触覚、痛覚など、物理的感覚がくわわって形成されたものであるとされる。しかし、この四原味説ではうま味の存在をうまく説明することはできない。四原味をいくら組み合わせても、うま味物質のしめす味覚は得られないのである。最近の神経生理学や食品科学の発達、官能検査の進歩のうえに立って、日本の科学者たちは第五の原味の存在を主張し、それが国際的にもうけいれられるようになった。

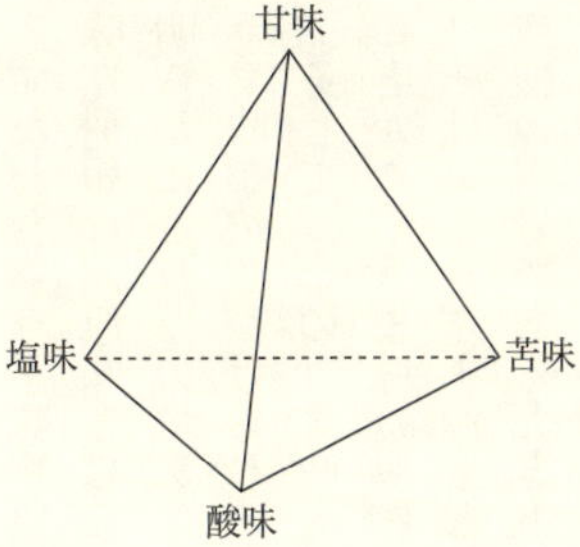

図17　ヘニングの味の正四面体

すなわち、うま味物質のしめす味覚は四原味とは性質がちがう味であること、その味覚情報は四原味とはことなる味覚受容のメカニズムで舌から脳に伝達されることが明らかにされたのである。つまり、四原味と同等の資格を備えた第五の原味として、うま味が位置づけられるというのである。

そして、このうま味を認識する受容体がアメーバのような下等生物にも認められることから、うま味は動物にとっての基本的な栄養の信号であることがわかってきた。甘味はエネルギー源としての糖の存在をしめす信号であり、酸味は代謝を促進する有機酸の信号であるとともに、腐敗した食品をしめす信号である。塩味は体液のバランスに必要なミネラルの信号で、苦味は身体に有害な物質を警告する信号である。このように、動物の生存にとって基本的な栄養に関する信号が味であると考えるとき、うま味は大切な栄養源であるたんぱく質やアミノ酸の存在をしめす信号であるといえる。

さきにのべたように、うま味に関する文化の発達しなかった欧米では、「うま味」をしめす適当な名称がないために、日本語をとって「umami substance」(うま味物質)という表現が国際的に通用することになった。

出しと穀醤

日本料理においては、料理人の腕のほどは包丁の扱いと吸い物の味でおしはかられる。吸い物の味つけは出しによって決まってくる。スープ料理の発達した東側の食事文化類型のなかでも、日本の出しは独特である。中国料理でも豚骨や鶏ガラでスープをとったあとは捨ててしまうが、肉でスープをとったときは捨てることなく、具として食べる。コンブ、カツオブシ、煮干しなど、出し専用食品が発達したのは日本だけである。一番出しをひいたらカツオブシのうま味の八〜九割は出てしまい、出しガラとなる。出しをとったら本来の役目を終えてしまう。そのかわりに、肉のスープをとるときのように長時間煮る必要はなく、ほんの短時間でうま味を抽出することができる。

このような出し専用食品ができたのも、歴史的に肉食をタブーとしてきた日本人の食生活の特徴によるものであろう。肉なしでおいしく食べる方法として、出しを重視する調理法が発達したのである。

江戸時代の料理書である『料理早指南』の「だしの事」というくだりには、カツオの出しのとり方の解説などと並んで、「生だれ」「たれみそ」についてものべられている。「生だれ」とは、味噌一升（一・八リットル）に水三升をいれてもみたてて、袋にいれて滴《したた》り落ちる液体を集めたもののことである。「たれみそ」とは、味噌一升に水三升五合を混ぜて煮立て、三升ほどになったら、袋にいれて滴らせた液体のことである。いずれも味噌の抽出液が出しとして使用されることをのべたものである。またおなじくだりに、味噌汁でも清まし汁でも、たまり（醬油）を少しさすと味がひきたち、そのことを料理用語で「影を落とす」と表現することがのべられている。

江戸時代にも、ほかの出し専用食品とおなじように味噌、醬油にはうま味がふくまれていることが認識されていたのである。現在では、味噌、醬油はグルタミン酸のうま味を付与する調味料としての性格をもっていることがわかっている。

朝鮮半島では、日本の味噌、醬油にあたる食品のほかに、コチュジャンというトウガラシ味噌が基本的調味料として利用され、中国では醬油《ジャンユウ》、黄醬《ホワジャン》、蚕豆醬《サンドウジャン》、豆瓣醬《トウバンジャン》、甜麵醬《テンメンジャン》など、豆類や穀物を原料とする発酵調味料が使用される。これらの調味料を一括して穀醬とよぶことにする。

日本以外での穀醬のアミノ酸分析の報告例はすくないが、中国、朝鮮半島の醬油においても、そのうま味は主として醸造過程に生成されるグルタミン酸によるものであることがわかっている。穀醬の原料や製造方法から考えると、東アジアの穀醬のほとんどがグルタミン酸のうま味をもつ食品であると推定される。となると、出しばかりではなく、日常の料理の味つけに使用する穀醤を通じても、東アジアの食文化圏ではうま味になれ親しんできた伝統をもつということになる。

魚醤のうま味

魚介類に大量の塩をくわえて腐敗を防止しながら、主として原料にふくまれる酵素の作用によって、たんぱく質が分解してできるアミノ酸のうま味をかもしだした食品を魚醤という。わが国の塩辛や秋田のしょっつるもこの仲間である。

東南アジアにはさまざまな種類の魚醤がある。東南アジア大陸部のタイ、ラオス、カンボジア、ミャンマーでは、淡水魚でつくる塩辛が発達しており、そのまま飯のおかずにしたり、野菜を塩辛につけて食べたりする。副食物としての用途ばかりではなく、塩辛と一緒に野菜を煮たり、炒めたりするし、塩辛の汁は醤油のように使用される。塩辛は調味料の役割もになっているのである。

カンボジアやミャンマーには、ミンチにした魚肉からつくった塩辛もある。それはすり味噌のようなペースト状になっているので、調理のさい水に溶けやすく、スープに味つけをしたり、煮込み料理の調味料にされる。フィリピンでは、バゴーンという海産魚の塩辛が、民衆の日常の食べ物になっている。東アジアでは朝鮮半島で海産魚

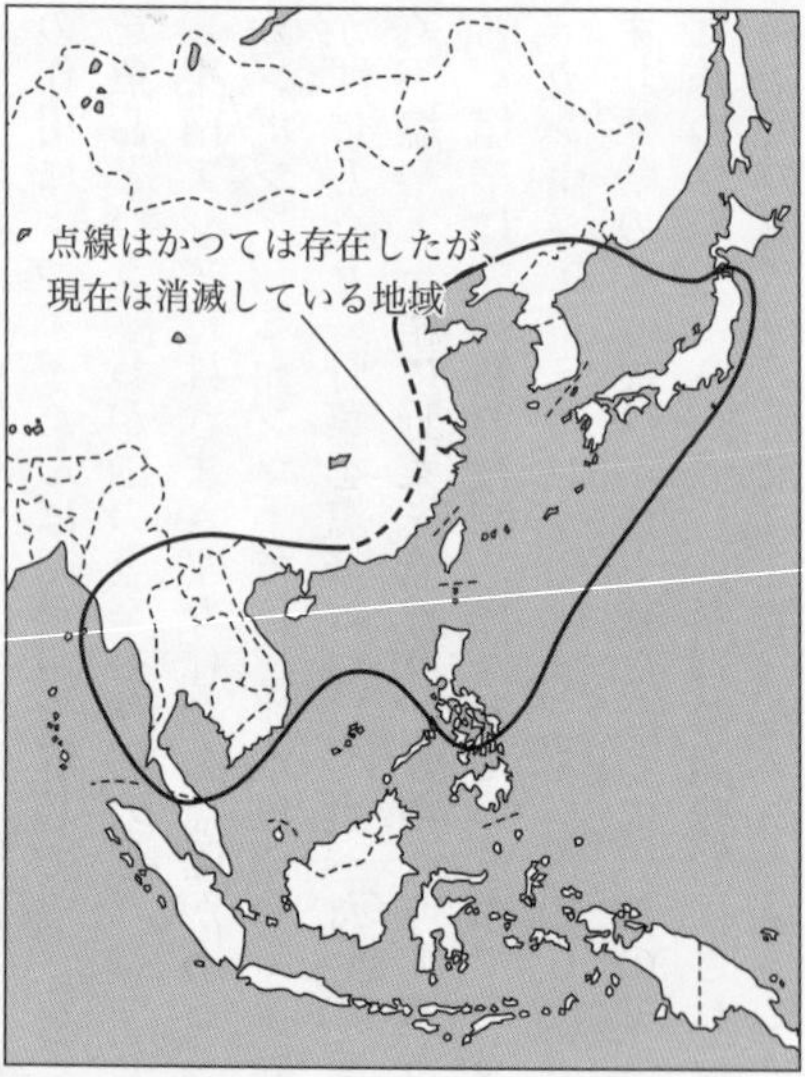

図18　塩辛の分布

の塩辛をジョッカルといい、日本以上に重要な副食品として利用されるが、現在の中国では塩辛は局地的にしか知られていない（図18）。

塩辛を長期間漬けこんでおくと、魚肉がすべて分解して液体状になってしまう。その汁をこしたものが、しょっつるや能登半島のいしりと同じ魚醬油で、東南アジアではヴェトナムのニョク・マムが有名であるが、同様の製品はタイ、ラオス、カンボジア、ミャンマー、マレーシア、フィリピンにもある。中国南部には魚露《ユイルー》、鯕油《チイーヨウ》という魚醬油がある（図19）。

　アミのように小型のエビをつきつぶしたり、すりつぶしたりしてつくった小エビ塩

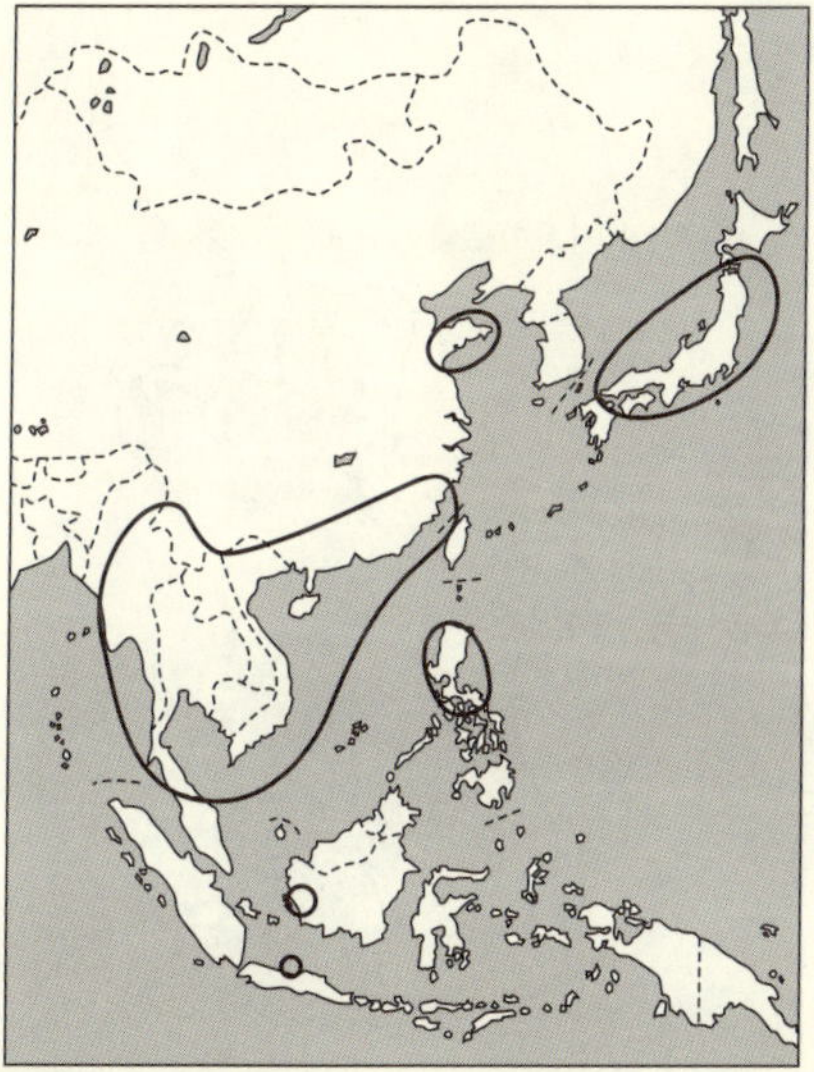

図19　魚醬油の分布

辛ペーストは、東南アジア大陸部の沿岸からマレー半島を経てジャワ島にまで分布する。これもすり味噌状の食品であり、そのままおかずにされることはすくなく、調味専用食品である。中国沿岸部に蝦醤という同様の外観をしめす小エビ塩辛ペーストがあるが、その製法は東南アジアとはことなっている（図20）。

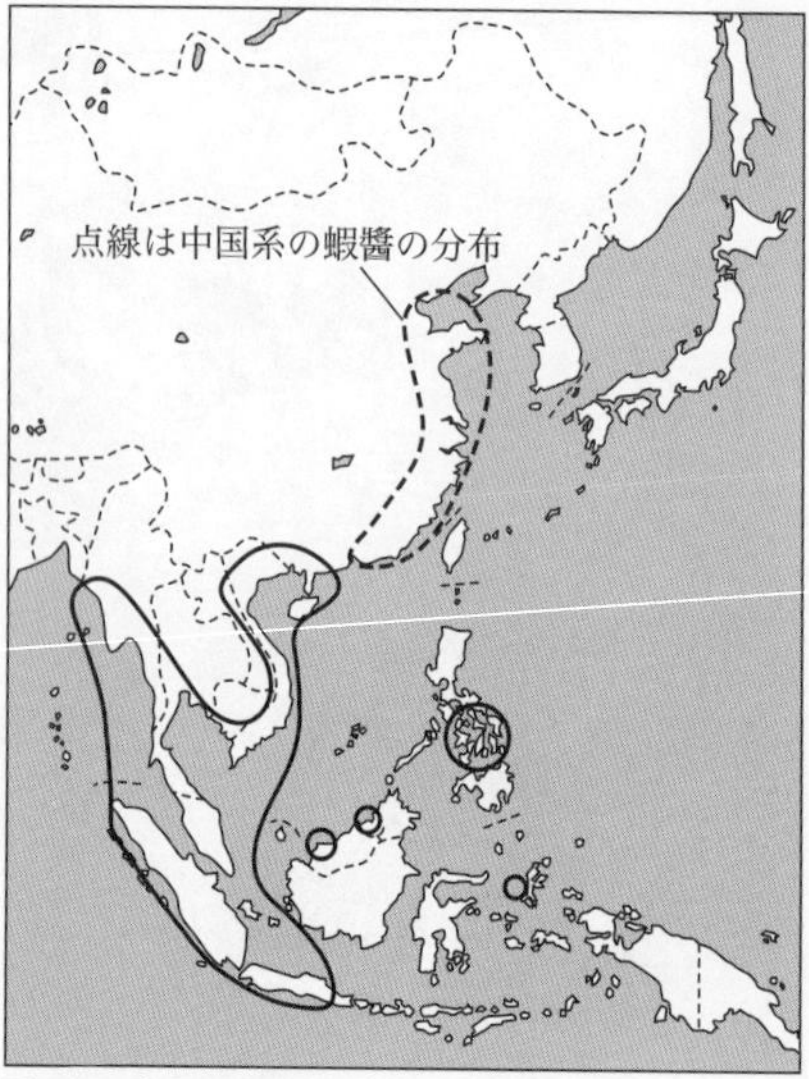

図20　小エビ塩辛ペーストの分布

これらの魚醤は、東南アジアの民衆の日常の食事において、いちばん基本的な食品として利用されている。旅行者が店で食べる東南アジアの味の印象はハーブやスパイスの刺激であろう。しかし、そのようなレストランにおいても、料理のかくし味として魚醤が利用されているのである。東南アジア大陸部の田舎の農民の食事となると、魚醤抜きに語ることはできない。東北タイの伝統的料理の八〇パーセントは、塩辛や塩辛汁を利用したものであるといわれる。調理に使用されるだけではなく、重要な副食物でもある。ほかにおかずがないときは、少量の自家製の塩辛だけで食事をすませるのである。農民は水田のなかや水田につながる水路でとれた小魚に塩を混ぜて、甕《かめ》にいれて塩辛にしておく。保存食である塩辛は、調理の手間のいらないいちばん手軽な副食物であり、主食である米飯を胃袋に送り込むための食欲増進剤として食べられてきた。このことは海産魚の塩辛をつくるフィリピンの海辺の村でもおなじである。

塩辛が副食物として利用されることがおおいのにたいして、魚醤油は日本の醤油に、小エビ塩辛ペーストは味噌に対比される調味料である。ヴェトナム料理を魚醤油であるニョク・マム抜きには語れず、ジャワやスマトラの料理を小エビ塩辛ペーストであるトラシの味抜きに語ることはできない。

魚醤とMSGの併用

このような魚醤の利用法を現地で観察すると、MSGとの併用が実によくおこなわれていることに気がつく。東南アジア大陸部の露店で売る麵類の味つけには、スープ・ストックにMSGと魚醤油をくわえるのが普通である。マレー半島、スマトラ、ジャワの料理でいちばん基本的なソースは、サンバル・ブラチャンとかサンバル・トラシといわれるものである。これは小エビ塩辛ペーストにトウガラシ、タマネギ、トマト、ライム汁などを混ぜてすりつぶしたもので、米飯のうえにのせて食べたり、生野菜や焼き魚につけて食べる万能ソースとしてもちいられる。現在このソースをつくるさいには、かならずMSGがくわえられるようになった。

東南アジアの民衆は、魚醤を使用した料理とMSGが相性のよいものであることを体験的に知っている。そこで、日常の料理に魚醤を利用する東南アジアの台所に、MSGは欠かせない生活必需品となったものと考えられる。そのことを科学的に証明してみよう。

わたしは東南アジアを中心に約三百種類の魚醤を収集した。そのうち代表的なもの三十八種類について、味の素中央研究所に依頼してアミノ酸分析を主とする各種の分析をしてもらった。従来の研究では数例の断片的な報告がなされていただけで、系統的に収集されたまとまった数の魚醤試料を対象に、詳細な成分分析がおこなわれたのはこれがはじめてである。

その結果は驚くべきものであった。これらの三十八点の魚醤は、塩辛、魚醤油、小エビ塩辛ペーストなどさまざまなものがあり、原料となる魚介類の種類もちがい、生産地も製造法もちがっているが、その分析結果に共通することは、すべてのアミノ酸のなかでグルタミン酸の含有量が飛び抜けてたかいということである。いいかえるなら、すべての魚醤は料理にうま味を付与する調味料としての性格を備えているのである。

わが国の醤油、味噌にはアミノ酸がおおくふくまれており、そのなかでもグルタミン酸がおおいので、うま味調味料としての性格ももっていることが知られている。そこで、おなじ液体調味料である魚醤油と日本産の醤油、おなじようなつかわれ方をする小エビ塩辛ペーストと味噌の成分を比較してみた（表8、表9）。

塩分は魚醤油が一〇〇ミリリットルにつき二六グラムであるのにたいして、醤油は一七グラムである。醤油よりずっと塩辛いので、魚醤油は大量に使用するわけにはいかない。全アミノ酸量は一〇〇ミリリットルにつき五グラムで、醤油と魚醤油はほぼおなじである。グルタミン酸含有量の平均値は醤油のほうがわずかにたかいが、魚醤

	魚醬油*	醬油
pH	5.3～ 6.7	4.7～ 4.9
NaCl	22.5～29.9	16～ 18
Total amino acids	2.9～ 7.7	5.5～ 7.8
Glutamic acid	0.38～1.32	0.9～ 1.3
Total organic acids	0.21～2.33	1.4～ 2.1
Acetic acid	0～2.00	0.1～ 0.3
Lactic acid	0.06～0.48	1.2～ 1.6
Succinic acid	0.02～0.18	0.04～0.05
Reducing sugar	trace	1～ 3
Alcohol	trace	0.5～ 2

表8　魚醬油と醬油の成分比較（単位：%）

（注）＊印＝供試サンプル数12、数値幅は平均値±標準偏差

	小エビ塩辛*ペースト	味噌
pH	7.2～ 7.6	4.9～ 5.4
NaCl	14.2～25.2	9～ 13
Total amino acids	8.5～15.3	3.5～ 6.5
Glutamic acid	1.0～ 2.2	0.4～ 1.0
Total organic acids	0.65～1.51	0.2～ 1.0
Acetic acid	0.30～0.86	0.02～0.11
Lactic acid	0.05～0.43	0.05～0.45
Succinic acid	0.06～0.30	0.02～0.12
Reducing sugar	trace	5～ 24
Alcohol	trace	0.1～ 0.5

表9　小エビ塩辛ペーストと味噌の成分比較（単位：%）

（注）＊印＝供試サンプル数10、数値幅は平均値±標準偏差

油は発酵・熟成後に水増しをするのが普通なので、水増し量のおおい製品は全アミノ

酸量、グルタミン酸含有量ともにひくく、水増しのすくない上等品となると醤油よりもたかいというバラツキをしめす。魚醤油は酢酸や乳酸をふくんでいるが、pHがややたかいので、酢のような機能はもっていない。また、醤油にふくまれている糖分やアルコールは魚醤油には認められない。つまり、魚醤油は塩味とうま味に特徴をもつ調味料で、醤油のほうがより複雑な味をもつ調味料であるということになる。

味噌と小エビ塩辛ペーストをくらべてみると、平均して塩分は小エビ塩辛ペーストのほうがすこしたかい。全アミノ酸量、グルタミン酸含有量ともに、小エビ塩辛ペーストのほうが倍前後たかい。したがって、味噌よりもうま味が濃厚である。しかし魚醤油とおなじように、料理に酸味、甘味を付与する機能はもっていない。

これで魚醤を使用した調理にMSGが併用される理由を説明することができる。魚醤自体が天然のグルタミン酸のうま味をふくんでおり、そのうま味をさらに補強するためにMSGをくわえるのである。小エビ塩辛ペーストは低塩分の製品をつくることも可能だが、その他の魚醤類は製造時に高濃度の塩分をくわえないと腐敗してしまう。したがって魚醤は大変塩からい食品であり、料理にうま味を付加しようと思っても大量に使用するわけにはいかない。そこで、おなじグルタミン酸のうま味をもつMSGをくわえることによって、魚醤のうま味を引き立たせているのである。

東南アジアの民衆はうま味の正体がグルタミン酸であることを知らなくても、それが魚醬にとって大切な成分であることを体験的に心得ている。ミャンマーのヤンゴンの市場で購入した、値段のことなる五種類の魚醬油にふくまれるグルタミン酸の含有量を測定したところ、値段のたかいものほどグルタミン酸の量がおおいという結果になった。うま味成分のたかいものほど上等品とされているのである。

うま味の文化圏

「その醬を得ざれば食わず」とは孔子のことばであるが、『論語』のつくられたころの古代中国における醬とは、穀醬ではなく、肉や魚を原料としたものであった。肉醬、魚醬ということばのほかに、肉を原料とした醬を醢《かい》、魚を原料とした醬を魚醢《ぎょかい》ともよんだ。戦国時代末に編纂されたといわれる『周礼《しゅらい》』に、後漢の学者である鄭玄《じょうげん》の付した註をみると、醢とは乾かした肉を砕いたものに、アワの麹《こうじ》と塩、酒を混ぜ、甕《かめ》にいれて密封し、百日たつとできあがる、と記されている。麹いりの肉の塩辛である。そこで、魚醢とは魚を原料とした麹いりの塩辛のことになる。

紀元前後の時代になると、中国で穀醬が普及しはじめる。醢、魚醢づくりとおなじ原理で、主原料の肉や魚のかわりに加熱したダイズや穀類をもちいたら、味噌や醬油の先祖にあたる穀醬ができた。したがって、魚醬の仲間が発展して穀醬がつくりだされたということになる。

その後、東アジアでは穀醬が発達し、たいていの料理の味つけにもちいられることになった。いっぽう、酒造り以外には麴を使用する食品が発達しなかった東南アジアにおいては、魚醬がうま味のもととなる食品としてもちいられてきた。そこで巨視的にみると、東アジアは穀醬卓越地帯、東南アジアは魚醬卓越地帯ということになる（六四ページ図2参照）。

植物性と動物性の原料のちがいはあっても、穀醬と魚醬はともにうま味と塩味をふくんだ調味機能をもつという共通性がある。料理にさいしていちばん基本的な味覚である塩味とうま味があるので、たいていの食べ物をおいしく食べさせる効果をもつ、いわば万能調味料である。それは西側の類型の食生活には定着しなかった種類の食品である（古代ローマには魚醬油が存在したが、ローマ帝国の滅亡とともに消滅した）。

このようなうま味食品を常用してきた東アジアと東南アジアは、世界の味覚地図のなかで、「うま味文化圏」として位置づけることができるだろう。

あとがき

一九八〇～八三年にかけて週刊朝日百科『世界の食べもの』が刊行された。世界各地の料理や食の文化に関する読む事典のシリーズである。毎週一冊発行し、全百四十号で完結した。これは世界最大の食べ物事典であろう。一九八四年には全十四冊と索引を中心とした別冊一にまとめた合本版が発売された。世界じゅうの食べ物についての情報が得られる唯一の事典として、好評を博したが、現在は残念ながら品切れとなっている。

中尾佐助・辻静雄・石毛直道の三名が、この事典の全巻の監修にあたったのだが、いまでは中尾さんと辻さんは故人となってしまった。監修者たちは、数おおくの執筆者の原稿をチェックするとともに、この事典のために論考を書きおろすことをした。週刊朝日百科『世界の食べもの』に寄稿したわたしの文章のなかから、食の文化の地理学的ひろがりに関する内容のものをえらび、それを中心にすえて、他の媒体に発表した文章をつけくわえて編集したのが本書である。ひとつだけ残念に思うことは、

「週刊百科」シリーズでは、全ページにカラー写真がふんだんに使用されているのにたいして、この「朝日選書」では写真を割愛せざるをえなかったことである。食品や料理は文章で記述するよりも、まず、写真でみてもらうほうが理解しやすい宿命をもっている。

第Ⅰ部「諸民族の食事」では、東アジア、東南アジア、オセアニア、マグレブの諸地域を対象として、風土や歴史と食生活の関連について考えた文章が収録されている。第Ⅱ部「日本の食事」には、直接に地理学的事柄を述べたものではないが、世界のなかでの日本人の食生活の位置づけを考えるさいに参考となりそうな作品があつめられている。第Ⅲ部「食べ物からみた世界」は、特定の食べ物を対象として、その世界的なひろがりを検討する、いわゆる通文化的視点にたつ論考から構成されている。

第Ⅱ部の「米——聖なる食べ物」と「日本の食事文化——その伝統と変容」の二編は、国際交流基金の要請でヨーロッパで日本人の食に関する講演をしたときの記録である。そこで、日本人の読者にとっては不要とも思える説明も少々ふくまれている。本書の他の文章とは異質な感じがするかもしれないが、外国人に解説するために、日本人にとっては自明と思われる事柄を整理しなおしてみた意義もあろうかと考え、そのまま収録した。

さまざまな媒体に発表した文章をあつめたものなので、編集にあたって、語句の統一をはかり、発表時以後にわたしの考えが進展した部分をつけくわえるなどの作業をした。発表時から十数年を経過した文章もおおいので、本文中で引用している統計的資料には、いまみると古く感じられるものがある。さしかえるには、現状をしめす資料が見つからないものもあり、また、それぞれの文章の書かれた時代的背景を読みとっていただくためには、発表当時のままにしておいたほうがよいと考え、そのままにしておいた。

本書の編集・構成ははじめ河津小苗さんが担当してくださり、実務面は畠堀操八さんにお願いした。また、それぞれの文章の初出時にお世話になった編集者の皆さんにはここで、こころからの謝辞をささげたい。

一九九四年十一月

石毛直道

文庫版あとがき

一九九五年一月に、朝日選書『食の文化地理——舌のフィールドワーク』（朝日新聞社）が刊行された。この本の成立のいきさつや、構成については、朝日選書版の「あとがき」を収録してあるので、それを参照されたい。

この講談社学術文庫への再録にあたっては、『世界の食べもの——食の文化地理』という書名に改題した。「世界の食べもの」というタイトルをつけるには、いささか躊躇《ちゅうちょ》したことであった。ヨーロッパ、アメリカ大陸、サハラ砂漠以南のアフリカ大陸、中央アジア、西アジア、インドについての記述がないのに、「世界」と名乗るのは、おこがましいことである。

本書の第Ⅰ部「諸民族の食事」に収録した文章のおおくが、週刊朝日百科『世界の食べもの』（朝日新聞社）に寄稿したものであることと、わたしの食文化にたいする姿勢をしめすために、あえて「世界の食べもの」という書名を採用することにした。

食文化ということばが知られるようになったのは、一九八〇年頃からのことである。それまでのわが国における食に関する論考は、農学、食品加工学、調理学、栄養学などの自然科学的研究が主流であった。文科系の食に関する研究としては、日本人の食の歴史を考察する食物史と、日本人の食習慣に関する民俗学の考察がなされていたくらいのことであった。

この事情は海外でもおなじであり、食にかかわる文化を総合的に把握しようという試みがなされるようになったのは、一九八〇年代になってからのことである。

一九七〇年代前半に食の文化人類学的研究を志したわたしが、まずおこなったことは、通文化的に世界の食文化を考えるための見取り図をつくることであった。世界各地での伝統的な食文化を知ることが、食文化研究の基礎作業として必要であると考えたのである。

未知の食について知るためには、食べることが必要である。体験したことがない食べものの文献や写真を見ても、それは「絵に描いた餅」にすぎない。現地で食べてみないことには、食を理解したとはいえない。ということを口実にして、食いしん坊で旅行好きのわたしが、食文化の比較研究で「世界」をまわることになったのである。

本書に収録された文章のおおくは、一九八〇年代に執筆したものである。グローバル時代といわれる現在の世界における食生活は、急速に変化しつつある。そのなかでも、八〇年代以降の日本人の食生活の変化はいちじるしい。しかし、食の世相史の一断面をしめす証言として読んでもらえるかと思い、八〇年代の原文にあまり手をくわえずに再録することにした。

二〇一三年四月

石毛直道

初出一覧

序　章　舌のフィールドワーク　『世界旅行――民族の暮らし2　食べる・飲む』（梅棹忠夫監修、一九八二年、日本交通公社）

Ⅰ　諸民族の食事

第1章　朝鮮半島の食　書き下ろし
第2章　世界における中国の食文化　『中国食文化事典』（中山時子監修、一九八八年、角川書店）
第3章　東南アジアの食事文化　週刊朝日百科『世界の食べもの』（75「東南アジア1」一九八二年五月二十三日、朝日新聞社）
フィリピンの食生活　『世界の食べもの』（78「東南アジア4」一九八二年六月十三日）
シンガポールのニョニャ料理　『世界の食べもの』（74「香港、シンガポール」一九八二年五月十六日）
マレーシアの食生活　『世界の食べもの』（78「東南アジア4」前掲）
インドネシアの食生活　『世界の食べもの』（77「東南アジア3」一九八二年六月六日）
モルッカ諸島の食事　『世界の食べもの』（同前）
第4章　オセアニア――太平洋にひろがる食文化　『世界の食べもの』（58「オセアニア1」一九八二年一月二十四日）
第5章　マグレブの料理　『世界の食べもの』（45「アフリカ1」一九八一年十月十八日）

Ⅱ　日本の食事

第6章　米——聖なる食べ物　『季刊民族学』（55号、一九九一年一月、千里文化財団）

第7章　日本の食事文化——その伝統と変容　『季刊民族学』（19号、一九八二年一月、千里文化財団）

第8章　現代の食生活　『世界の食べもの』（120「現代の食生活」一九八三年四月十日）

第9章　日本人とエスニック料理　原題「エスニック料理と激辛」『交流』（17号、一九八七年六月、中部電力）

Ⅲ　食べ物からみた世界

第10章　世界の米料理　『世界の食べもの』（121「米とイモの文化」一九八三年四月十七日）

第11章　すしの履歴書　『日本の味覚　すし——グルメの歴史学』（一九九二年、岐阜市歴史博物館）

第12章　麺の歴史　『めんづくり味づくり——明星食品30年の歩み』（一九八六年、明星食品）

第13章　料理における野菜の位置　『世界の食べもの』（127「野菜の文化」一九八三年五月二十九日）

第14章　世界の酒——伝統的な酒の類型　『世界の食べもの』（132「世界の酒」一九八三年七月三日）

第15章　茶とコーヒーの文明　『世界の食べもの』（134「喫茶の文化」一九八三年七月十七日）

第16章　うま味の文化　『味をたがやす——味の素八十年史』（一九九〇年、味の素）

本書の原本『食の文化地理』は、一九九五年に朝日新聞社より刊行されました。

石毛直道（いしげ　なおみち）

1937年，千葉県生まれ。京都大学文学部史学科卒業。甲南大学助教授，国立民族学博物館教授，同館長を経て，同館名誉教授，総合研究大学院大学名誉教授。専攻は文化人類学。農学博士。『リビア砂漠探検記』『住居空間の人類学』『食卓の文化誌』『食卓文明論』『麵の文化史』『飲食文化論文集』『石毛直道自選著作集』（全12巻）など著書多数。

講談社学術文庫

定価はカバーに表示してあります。

世界《せかい》の食《た》べもの
食《しょく》の文化《ぶんか》地理《ちり》
石毛直道《いしげなおみち》

2013年５月９日　第１刷発行
2016年２月15日　第４刷発行

発行者　鈴木　哲
発行所　株式会社講談社
東京都文京区音羽 2-12-21 〒112-8001
電話　編集（03）5395-3512
販売（03）5395-4415
業務（03）5395-3615

装　幀　蟹江征治
印　刷　株式会社廣済堂
製　本　株式会社国宝社
本文データ制作　講談社デジタル製作部

ISBN978-4-06-292171-8

「講談社学術文庫」の刊行に当たって

これは、学術をポケットに入れることをモットーとして生まれた文庫である。学術は少年の心を養い、成年の心を満たす。その学術がポケットにはいる形で、万人のものになることは、生涯教育をうたう現代の理想である。

こうした考え方は、学術を巨大な城のように見る世間の常識に反するかもしれない。また、一部の人たちからは、学術の権威をおとすものと非難されるかもしれない。しかし、それはいずれも学術の新しい在り方を解しないものといわざるをえない。

学術は、まず魔術への挑戦から始まった。やがて、いわゆる常識をつぎつぎに改めていった。学術の権威は、幾百年、幾千年にわたる、苦しい戦いの成果である。こうしてきずきあげられた城が、一見して近づきがたいものにうつるのは、そのためである。しかし、学術の権威を、その形の上だけで判断してはならない。その生成のあとをかえりみれば、その根は常に人々の生活の中にあった。学術が大きな力たりうるのはそのためであって、生活をはなれた学術は、どこにもない。

開かれた社会といわれる現代にとって、これはまったく自明である。生活と学術との間に、もし距離があるとすれば、何をおいてもこれを埋めねばならない。もしこの距離が形の上の迷信からきているとすれば、その迷信をうち破らねばならぬ。

学術文庫は、内外の迷信を打破し、学術のために新しい天地をひらく意図をもって生まれた。文庫という小さい形と、学術という壮大な城とが、完全に両立するためには、なおいくらかの時を必要とするであろう。しかし、学術をポケットにした社会が、人間の生活にとってより豊かな社会であることは、たしかである。そうした社会の実現のために、文庫の世界に新しいジャンルを加えることができれば幸いである。

野間省一

一九七六年六月

文化人類学・民俗学

柳田國男著（解説・田中宣一）

年中行事覚書

人々の生活と労働にリズムを与え、共同体内に連帯感を生み出す季節の行事。それらなつかしき習俗・行事の数々に民俗学の光をあて、隠れた意味や成り立ちを探る。日本農民の生活と信仰の核心に迫る名著。

124

柳田國男著（解説・中島河太郎）

妖怪談義

河童や山姥や天狗等、誰でも知っているのに、実はよく知らないこれらの妖怪たちを追求してゆくと、正史に現われない、国土にひそむ歴史の真実をかいまみることができる。日本民俗学の巨人による先駆的業績。

135

白川　静著

中国古代の民俗

未開拓の中国民俗学研究に正面から取組んだ労作。著者独自の方法論により、従来知られなかった中国民族の生活と思惟、習俗の固有の姿を復元、日本古代の民俗的事実との比較研究にまで及ぶ画期的な書。

484

鶴見和子著（解説・谷川健一）

南方熊楠《みなかたくまぐす》

南方熊楠――この民俗学の世界的巨人は、永らく未到のままに聳え立ってきたが、本書の著者による満身の力をこめた独創的な研究により、ようやくその全体像を現わした。〈昭和54年度毎日出版文化賞受賞〉

528

谷川健一著（解説・宮田　登）

魔の系譜

正史の裏側から捉えた日本人の情念の歴史。死者の魔が生者を支配するという奇怪な歴史の底流に目を向け、呪術師や巫女の発生、呪詛や魔除けなどを通して、日本人特有の怨念を克明に描いた魔の伝承史。

661

宮本常一著（解説・田村善次郎）

塩の道

本書は生活学の先駆者として生涯を貫いた著者最晩年の貴重な話――「塩の道」「日本人と食べ物」「暮らしの形と美」の三点を収録。独自の史観が随所に読みとれ、宮本民俗学の体系を知る格好の手引書。

677

文化人類学・民俗学

悲しき南回帰線（上）（下）
C・レヴィ＝ストロース著／室　淳介訳

「親族の基本構造」によって世界の思想界に波紋を投じた著者が、アマゾン流域のカドゥヴェオ族、ボロロ族など四つの部族調査と、自らの半生を紀行文の形式でみごとに融合させた「構造人類学」の先駆の書。

711・712

民間暦
宮本常一著（解説・田村善次郎）

民間に古くから伝わる行事の底には各地共通の原則が見られる。それらを体系化して日本人のものの考え方、労働の仕方を探り、常民の暮らしの折り目をなす暦の意義を詳述した宮本民俗学の代表作の一つ。

715

ふるさとの生活
宮本常一著（解説・山崎禅雄）

日本の村人の生き方に焦点をあてた民俗探訪。祖先の生活の正しい歴史を知るため、戦中戦後の約十年間にわたり、日本各地を歩きながら村の成立ちや暮らしの仕方、古い習俗等を丹念に掘りおこした貴重な記録。

761

庶民の発見
宮本常一著（解説・田村善次郎）

戦前、人々は貧しさを克服するため、あらゆる工夫を試みた。生活の中で若者をどう教育し若者はそれをどう受け継いできたか。日本の農山漁村を生きぬいた庶民の内側からの目覚めを克明に記録した庶民の生活史。

810

日本藝能史六講
折口信夫著（解説・岡野弘彦）

まつりと神、酒宴とまれびとなど独特の鍵語を駆使して藝能の発生を解明。さらに田楽・猿楽から座敷踊りまで日本の歌謡と舞踊の歩みを通観。藝能の始まりと展開を平易に説いた折口民俗学入門に好適の名講義。

994

新装版**明治大正史　世相篇**
柳田國男著（解説・桜田勝徳）

柳田民俗学の出発点をなす代表作のひとつ。明治・大正の六十年間に発行されたあらゆる新聞を渉猟して得た資料を基に、近代日本人のくらし方、生き方を民俗学的方法によってみごとに描き出した刮目の世相史。

1082

《講談社学術文庫　既刊より》